알래스카에서 하나님 나라를 꿈꾸다

알래스카에서 하나님 나라를 꿈꾸다

윤호용 지음

토기장이

인생을 살다 보면 누구나 큰 환난을 당할 때가 있습니다. 그런데 같은 고난에 처할지라도 하나님을 신뢰하는 사람과 그렇지 않은 사람은 하늘과 땅처럼 극명한 차이가 있습니다. 위기의 때에 주변 환경과 사람을 의지하는 사람은 불안과 염려 가운데 원망하고 불평하지만, 하나님을 바라보는 사람은 절대 긍정과 절대 감사의 믿음으로 넉넉히 이겨냅니다.

이스라엘의 위대한 왕으로 손꼽히는 다윗에게도 수많은 어려움이 찾아왔습니다. 사울 왕을 피해 광야를 떠돌던 시절 아말렉 사람들에게 백성들의 아내와 자녀들이 사로잡히고 성읍이 불타 백성들의 원망을 받을 때는 온몸이 찢어지는 듯한 고통을 느꼈을 것입니다. 그러나 이 같은 절망의 순간에도 다윗은 하나님을 힘입고 용기를 얻어 희망을 향해 나아갔습니다. 그리고 아말렉에게 빼앗긴 모든 것과 가족을 되찾고, 이후에는 이스라엘의 왕이 되어 하나님의 언약을 성취할 수 있었습니다.

미국 알래스카에서 '은혜와 평강 순복음교회'를 섬기고 있는 존경하는 윤호용 목사님은 성경 속의 믿음의 선진들처럼 어떠한 고난에도 흔들리지 않고 하나님과 동행하며 온유하고 겸손한 모습으로 한결같이 복음을 전파하고 있는 하나님의 신실한 종이십니다. 선교 중에 아들을 먼저 천국으로 떠나보내는 크나큰 아픔 속에서도 알래스카를 향한 하나님의 꿈을 마음에 품고 열정을 다해 주님이 맡기신 선교 사명을 감당하고 있습니다.

특별히 윤호용 목사님의 신간 「알래스카에서 하나님 나라를 꿈꾸다」에는 하나님이 윤호용 목사님의 선교 여정 가운데 행하신 놀라운 일들이 가득 담겨 있습니다. 질병, 재정, 관계의 문제 등 여러 고난 가운데 지쳐 있는 많은 분이 이 책을 통해 위로와 격려를 얻고, 하나님이 각자에게 주신 위대한 꿈을 발견하게 되기를 바랍니다. 그리하여 어느 곳을 가든지, 어떠한 일을 하든지 하나님과 믿음으로 동행하여 날마다 승리하는 삶을 살아가시기를 간절히 소망합니다.

이영훈 여의도순복음교회 담임목사

하나님의 꿈은 사랑입니다. 하나님의 사랑이 십자가의 고통을 통해 우리의 구원을 이룬 것처럼, 윤호용 목사의 꿈 또한 우리 주님의 십자가의 사랑을 통하여 이루어짐을 확신합니다.

윤 목사님의 「알래스카에서 하나님 나라를 꿈꾸다」를 읽으며 큰 감동과 전율을 온몸과 마음으로 내내 느낄 수 있었습니다. 윤 목사님은 다 장성한 사랑하는 아들을 천국으로 떠나보낸 고통의 시간에 받았던 크고 놀라운 하나님의 은혜와 사랑을 목양의 뜰에 잘 반영시키고 계십니다. 삯꾼이 아닌 하나님의 일꾼으로 더 강력하게 세워지는 놀라운 하나님의 역사가 윤 목사님의 삶 가운데 나타남을 보면서 하나님의 꿈이 이루어져 가고 있다는 것을 더욱 분명히 알 수 있습니다. 하나님의 사랑이 없이는 도저히 상상할 수 없는 아름다운 사역과 교회 행전이 펼쳐지는 것을 보며 저 역시 큰 도전을 받고 있습니다.

윤 목사님은 물론 이 책을 읽는 모든 분들이 하나님의 사랑의 통로가 되기를 간절히 기도합니다. 하나님의 역사가 나의 삶 가운데 나타나고 하나님의 꿈이 나와 우리 교회와 우리나라를 통해 이루어지기를 소원합니다. 이 책은 그렇게 하나님 나라를 꿈꾸게 하는 책입니다. 하나님 나라를 꿈꾸는 하나님의 자녀들이 꼭 읽어 보기를 권면합니다.

고명진 수원 중앙침례교회 담임목사

알래스카주는 미국 49번째 주이다. 그 땅을 러시아로부터 사들였을 때 쓸모없는 큰 아이스박스를 사들였다는 비난을 들어야 했었다. 「알래스카에서 하나님 나라를 꿈꾸다」의 저자 윤호용 목사에 의하면 알래스카 땅은 각종 보물로 가득 찬 곳이라 한다. 석유, 황금, 삼림, 그리고 바다의 보물인 연어까지 가득한 그 땅이 미국에게 준 보물이라 하겠다.

저자는 자신이 알을 낳기 위해 회귀하는 연어를 닮았다고 한다. 자신의 생명을 바쳐 다음 세대를 낳는 작업을 위해 보물로 가득 차 있기는 하지만 척박한 땅 알래스카에서 하나님 나라의 확장을 이루며 살고 있다고 한다. 윤호용 목사의 담백한 고백을 통해 우리가 이 땅에서 무엇을 위해 살아야 하며 앞으로 우리의 삶을 무엇을 위해 드려야 하는가를 깨닫게 되는 계기가 되기 바라며 이 책을 적극 추천한다.

권준 시애틀 형제교회 담임목사

사랑하고 존경하는 윤호용 목사님께서 이번에 「알래스카에서 하나님 나라를 꿈꾸다」라는 책을 출간하게 됨을 축하드립니다.

알래스카를 향하신 하나님의 꿈이 무엇인가를 혜안으로 간파하시고 하나님의 꿈을 이루기 위해 알래스카 선교에 뛰어든 윤 목사님의 헌신은 놀라운 결과를 이루고 있습니다.

이 책에서 윤 목사님의 선교의 삶을 연어의 일생에 비유한 것은 매우 인상적입니다. 윤 목사님의 삶은 생명을 얻은 후 넓은 바다에서 헤매다가 다시 새 생명을 낳기 위해 고향을 찾는 연어와 같습니다. 그렇게 새 생명을 얻기 위해 자신을 희생하고 날마다 그리스도를 닮아가는 윤 목사님의 지고한 신앙이 부럽기도 합니다.

생때같은 아들을 먼저 보내는 감당하기 어려운 큰 시련 속에서도 그리스도에 대한 한 오라기의 끈이라도 놓치지 아니하고 조금의 동요도 없이 일관된 목양일념으로 하나님의 몸 된 교회를 이끌어 오신 윤호용 목사님을 생각하니 눈시울이 뜨거워집니다.

미주 순복음 교단에서도 그 예를 찾아보기 어려운 척박한 이민의 땅에서, 그 동토를 녹이는 불덩어리 같은 그리스도의 순혈을 받은 그 열정이야말로 어찌 주께서 외면하시겠습니까!

아무쪼록 바울 사도의 선교 현장에서 성령님께서 강력히 역사하셨던 것처럼 윤 목사님의 목회 현장에도 동토를 녹이는 성령님의 용광로 같은 역사가 전 미국을 뜨겁게 달구기를 바랍니다.

이 귀한 책이 한국만이 아니라 태평양과 대서양을 넘어 사방팔방으로 전해져 읽고 보고 듣는 모든 이들의 가슴이 뜨거워지는, 그리스도의 선교의 열정에 못 이겨 주님의 지상명령인 복음전파의 사명을 감당케 하는 도구가 되었으면 합니다.

김충남 산호세 순복음 교회 담임목사

차례

추천의 글
프롤로그

chapter 1 상실의 시대, 우리가 부를 노래

목사님! 태원이가 천국 갔대요	17
이 땅에 오직 주밖에 없네	21
삯꾼 목사는 되지 말아야지	25
어떻게 목사 아들이 죽어?	33
하나님을 이해할 수 없어	37
라스베이거스 총기 사건	45
고슴도치 사랑	49
상실의 시대, 우리가 부를 노래	53

chapter 2 승리를 향하여, 우리가 나아갈 방향

내 안에 있는 깡	59
세상의 성공을 향해 나아가다	64
첫사랑이었다	69
주의 종의 길을 가야 하는 것 아닙니까?	73
이번만은 지나가게 하옵소서	79
하나님께서 여시면 닫을 자가 없고	83
여호와 라파, 치유의 하나님을 체험하다	87
상상을 초월하는 신앙의 산중인	92
알래스카로 돌아온 연어	97

chapter 3 부흥의 은혜, 우리의 이야기

나의 첫 설교 제목, '시작은'	103
윤호용이가 사업한다?	108
우리의 이야기	112
나는 행복한 목회자	120
은혜와 평강 순복음교회는 운동을 좋아해	126
부흥의 은혜, 하나님께서 친히 일하신다	129
은혜가 임하니까 부르짖게 되더라	135
내가 꿈꾸는 교회	141

chapter 4 또 한 번 상실의 시대, 우리가 다시 부를 노래!

흘려야 할 눈물이라면 마음껏 울자	147
결핍의 시대	153
코로나19 사태를 바라보며	158
때문에가 아니라 덕분에	163
신앙의 미세먼지	168
이 또한 지나가리라	171
어머니, 아 나의 어머니	176
감사하고 또 감사합니다	184
지난 17년을 돌아보며	188

chapter 5 뉴 비전 시대, 새로운 발걸음으로 나아가다

주노 한인교회가 사라진다고요?	195
은퇴 후에 어디에 머물 것인가?	199
주노 한인교회를 향한 하나님의 예비하심	202
하나님의 사랑을 믿고 실천하는 주노 한인교회가 되기를!	206
성도들의 교제가 있는 풍경은 아름답다	210
오로라를 보려면 인내해야 한다	214
2박 3일의 페어뱅크스 전도 여행	218
앞서 일하시는 하나님	222
하나님의 예비하심에 감사 또 감사	226
페어뱅크스를 향하신 하나님의 사랑	229

에필로그

프롤로그

나는 예수님과 함께 알래스카에 사는 연어다

"우리에게 왜 그렇게 큰 얼음 상자가 필요한가?"

1867년, 러시아로부터 알래스카를 720만 달러에 사라는 제안을 받은 미국의 앤드루 존슨 대통령과 윌리엄 스워드 국무장관은 알래스카를 매입하는 과정에서 미국 국민에게 '스워드의 바보짓', '스워드의 아이스박스'라는 비난과 조롱을 받았다.

"여러분! 나는 눈 덮인 알래스카를 보고 그 땅을 사자는 것이 아니라 그 안에 감추어져 있는 무한한 보고寶庫를 기대하고 사자는 것입니다. 나는 우리 세대를 위해서 그 땅을 사자는 것이 아니라 다음 세대를 위해서 그 땅을 사자는 것입니다."

멋지지 않은가? 미국은 얼음 땅을 산 것이 아니라 다음 세대를 위한 미래와 비전을 산 것이다. 그리고 시간이 지나면서 알래스카에서 금, 은, 석유, 철관, 천연가스 등 각종 지하자원이 발견됐다. '스워드의 바보짓', '스워드의 아이스박스'라고 비난과 조롱을 하던 사람들이 알래스카를 보는 눈이 완전히 달라졌다. 이제 '스워드의 아이스박스'가 아니라 '미국의 보고, 축복의 땅'이 된 것이다. 그뿐 아니다. 산에는 방대한 산림자원이 있고 바다에는 풍부한 수산자원이 있으며 또한 군사 전략적으로도 엄청난 가치가 있는 요충지로서 알래스카는 중요한 역할을 담당하고 있다.

미국의 알래스카 매입과 관련된 이 역사적인 이야기를 통해 나는 하나님을 향한 확실한 비전을 발견할 수 있었다. 복음은 당장 코앞에 펼쳐진 현재의 즐거움과 쾌락을 위한 것이 아니라 보이지 않는 영원한 나라의 생명을 주기 위한 것임을….

있는 모습 그대로의 웅장함을 드러내는 자연보다 아름다운 것이 또 있을까 생각할 정도로 알래스카 자연의 아름다움은 말로 설명할 수가 없다. 원래 여행을 잘하는 사람은 가이드의 설명에 반응을 보이는 사람, 즉 '감탄사'를 연발하는 사람이라고 한다. 왜냐하면 감탄을 잘하는 사람에게 한 곳이라도 더 보여 주고 싶어 하는 것이 인지상정이기 때문이다. 반대로 어디를 가든지 무덤덤하거나 다른 곳과 비교하는 사람은 꼭 보아야 할 곳도 가이드가 그냥 통과해 버려 관광을 제대로 하지 못한다.

보통 4박 5일 일정으로 여행을 오는 사람들은 와서 날씨가 좋으면 괜찮은데 궂은날에는 별로 본 것 없이 돌아가는 경우가 종종 있다. 또 한국에서 여행을 오는 분들은 차로 이동하면서 자연경관을 봐야 하는데 시차 때문에 잠에 취해 있는 경우들이 종종 있다. 참으로 안타까운 일이다.

알래스카에서 나의 여름은 손님맞이로 그 어느 때보다 바쁘다. 때로는 운전기사로, 가이드로, 사진 기사로 1인 3역을 하다 보면 몸이 피곤할 때도 있다. 하지만 마음은 늘 행복하다. 그 여정을 통해 나는 정말 많은 것을 배운다. 모시는 손님 대부분이 목회 연륜이 많으신 분들이기 때문이다.

"하나님께서 날 사랑하셔서 이렇게 귀한 목사님들을 나만을 위한 특강 강사로 보내셨구나!"

이런 생각으로 모시니, 여행 일정 내내 그분들의 말씀에 귀를 기울이게 된다. 그리고 나누는 대화들을 통해 정말 많은 유익을 얻는다. 가이드로 자주 가는 곳이라 내게는 새로울 게 없지만, 동행하는 분들 덕분에 갈 때마다 모든 장소가 새롭게 느껴진다. 그것은 마치 성경을 매일 읽어도 늘 새롭게 다가오는 것과 유사하다. 또 사진을 찍어 드릴 때마다 누군가의 추억 속에 사진을 찍어 준 사람으로 기억되기를 바라는 마음도 가져 본다. 누군가의 추억 한편에 기억된다고 생각하면 흐뭇하다.

그런데 때로는 안타까운 마음이 들 때도 있다. 평소에 잘 안다고 생각하는 사람과 함께 3일만 여행하다 보면 상대방의 성격을 다 알 수 있다. 자기 생활 리듬에서 벗어나 여럿이 함께 지낸다는 것이 결코 쉬운 일은 아니다. 어떤 이는 상대방에 대한 이해보다는 자기 불편함 때문에 짜증을 내기도 한다. '내가 알던 사람이 맞나?' 하는 생각이 들 정도로 전혀 생각지도 못했던 말과 행동을 하는 것을 보게 되는 때도 있다. 하지만 또 어떤 사람은 그런 상황에서 자기도 불편하지만 차분함을 유지하며 상대방을 배려한다. 그래서 여행을 함께한 후, 더 친해지기도 하고 오히려 더 멀어지는 경우도 있다. 또 어떤 이는 여행을 다니는 내내 의심의 눈초리로 대한다. 속고 속이는 세상에 물들어 믿지 못하니 아름다운 풍경을 마음껏 누리지 못한다. 그런 모습을 보면 참 안타깝고 마음이 아프다.

하나님을 믿는 성도들 가운데서도 이 땅에서 천국을 누리는 사람들이 있고, 반면에 이 땅에 매여 사는 사람들도 있다. 하나님이 주신 선물을 누리는 우리가 되기를 소망하는 마음이 여행을 다니면서 더 커진다.

"알래스카의 만년설(빙하)이 녹는 것을 보니까, 인간이 파괴하는 자연을 바라보시는 하나님의 눈물 같아."

원로 목사님이 애틋한 목소리로 하신 말씀에 깊이 공감되어 그 말씀을 내 마음에 새기게 됐다. 그래서 그 마음이 다른 이들에게까지 이어지기를 소망하며 알래스카 가이드로서 더 좋은 곳을 보여주고 알래스카를 향한 하나님의 마음을 전하고 싶은 마음으로 가득하다.

알래스카는 알래스카 원주민인 알류트족의 언어로 '위대한 땅'이라는 뜻이다. 우리나라 남북한 합친 면적의 거의 8배나 되는 넓은 땅에 3금金의 보물창고로 불린다. 첫째는 석유Black Gold, 둘째는 황금Yellow Gold, 셋째는 푸른 보물인 삼림Green Gold을 말하는데 한 가지 더 하자면 바다의 보물인 연어Pink Gold다.

놀랍게도 나의 신앙의 여정은 알래스카의 핑크 골드, 연어를 닮았다. 알래스카를 대표하는 관광상품이자 상징적인 이미지인 연어. 연어는 산란기에 고향으로 돌아가 새 생명을 얻기 위해 자신의 생명을 건다. 생명이 생명을 낳는 관점에서 바로 본다면 복음과 너무 닮았다.

내가 복음으로 새 생명을 얻은 곳이 바로 알래스카 '순복음 새 생명 교회'다. 그러므로 알래스카는 내가 영적으로 거듭난 제2의 고향이다. 생명을 얻은 후, 깊은 바다로 헤엄쳐 들어가 모진 풍파 속에서 더 단단해져 고향으로 돌아온 연어처럼, 나 역시 알래스카에서 새 생명을 얻고 더 단단해지기 위해 신학교에 들어갔다. 한국에 있는 영산 신학원에 편입해서 신학 공부를 시작한 나는 영적으로 더 단단해졌고, 믿음의 동역자들을 만났으며, 하나님의 놀라운 기적과 이사를 체험했다. 이 모든 시간을 통해 나는 하나님을 더 깊이 만나고 알아갈 수 있었다. 내가 영적으로 더 단단해졌을 즈음, 놀랍게도 하나님께서는 산란기에 접어든 연어처럼 새 생명을 낳으라는 지상명령과 함께 알래스카로 다시 돌아오게 하셨다.

한국에서 개척 교회 제안과 후원을 약속받았던 때라 나의 상식으로 이해가 되지 않는 하나님의 명령이었다. 하지만 나는 하나님의 지상명령에 순복했다. 그리고 다시 알래스카로 돌아와 '은혜와 평강 순복음교회'를 개척했다.

그리고 새 생명을 낳을 때, 자신의 모든 것을 내어주고 죽어야 하는 연어처럼 나 역시 죽는 시간이 있었다. 감히 어찌 내가 죽을 수 있으랴. 내가 죽고 내 안의 예수님이 사시는 것, 그것은 내가 할 수 없는 일이었다. 하지만 결국 주님께서는 그 일을 내 안에서 이루셨다. 주님의 은혜로 나는 예수로 인해 죽고, 예수로 인해 다시 사는 삶을 살아가게 되었다.

나는 지금도 알래스카라는 나의 영적인 본향에서 새 생명을 낳기 위해 예수님과 동행하고 있다. 나는 알래스카에서 예수님과 함께 사는 연어다.

chapter 1

상실의 시대, 우리가 부를 노래

목사님! 태원이가 천국 갔대요

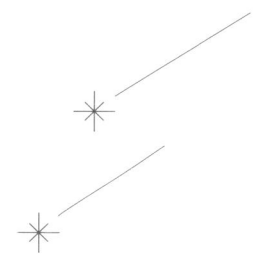

"목사님! 태원이가 천국 갔대요."
2012년 7월 13일, 금요일.

13일의 금요일, 나에게 악몽 같은 날이 찾아왔다. 그날은 스무 살의 꽃다운 나이에 큰아들 태원이가 교회 캠프에서 불의의 사고로 주님의 부르심을 받은 날이다.

'평생 지울 수 없는 고통의 날!'

청소년들과 청년들, 부목사님과 전도사님은 여름성경학교VBS를 마치고, 앵커리지에서 2시간 떨어진 타키티나로 캠프를 갔고, 어른들은 교회에서 금요 예배를 드리고 있었다. 바로 그때 뒤에서 캠프에 함께 가지 않은 청년들이 전화기를 들고 왔다 갔다 하다가 사모를 밖으로 불러냈다.

'무슨 일이 있구나!'

예측됐지만, 나는 설교를 멈추지 않고 말씀을 계속 선포했다. 잠시 후, 아내가 돌아왔다. 그리고 사색이 된 얼굴로 다급하게 말했다.

"목사님! 캠프에서 사고가 났는데요, 우리 태원이가 숨을 쉬지 않는대요. 그리고 정원이가 많이 다쳤나 봐요."

순간 머릿속이 하얗게 바래지는 느낌이었다. 하지만 이내 마음의 평강이 찾아왔다. 나는 놀랍게도 아들이 숨을 쉬지 않는다는 말을 들었음에도 강대상 아래로 내려오지 않고 끝까지 준비한 말씀을 다 선포했다.

"캠프에서 불의의 사고가 났다고 합니다. 태원이가 숨을 안 쉬고, 정원이가 많이 다쳤다는데, 우리 함께 기도합시다."

나는 성도들과 함께 찬양하고 부르짖으며 기도했다.

"하나님! 아버지! 지금 펼쳐지는 이 상황이 어떤 상황인지 모르겠습니다. 하지만 지금 일어나는 이 모든 상황이 주님의 뜻이라면, 제가 담대히 받아들일 수 있도록 저를 붙잡아 주소서. 연약한 제 마음을 주님께 올려드립니다. 주께서 제 마음을 주장하여 주시고 주관하여 주시옵소서!"

기도를 마무리할 즈음, 장로님이 강대상에 올라와 귓속말로 속삭였다.

"목사님! 태원이가 천국 갔대요."

잠시 침묵 후에, 나는 담담하게 대답했다.

"예, 알겠습니다."

그 순간 하나님께서 내 마음을 온전히 붙들고 계심을 알 수 있었다. 나는 다시 무릎을 꿇고 하나님께 기도했다.

"하나님! 저희 아들 태원이를 주님의 품으로 인도하심에 감사를 드립니다. 기쁘게 받아 주시옵소서!"

기가 막힌 상황에도 감사가 나오다니, 하나님께서 나의 마음을 붙잡아 주시지 않았다면 불가능한 일이었다. 세상에 자식이 천국으로 부르심을 받고 떠났다는 이야기를 전해 듣고, 휘청거리지 않을 아버지가 몇이나 된단 말인가? 게다가 사랑하는 아들과 제대로 된 작별 인사도 하지 못한 상황이었다. 찢기는 고통으로 울부짖어도 모자랄 이 상황에 감사기도라니? 그 순간 성령께서 내 마음을 친히 주장해 주시지 않았다면 이루어질 수 없는 일이었다.

나를 아버지라는 이름으로 불리게 만들어 준 첫 아이. 세상 밖으로 처음 나온 후, 경험해 보지 않은 세상에 대한 두려움으로 격렬하게 울부짖으며 내 품에 안겼던 아이. 내 품에 안긴 채 입술을 오물거리며 나와 시선을 마주치며 이제 안심이 된다는 듯 미소 짓던 아이.

아버지라는 이름의 무게 때문에 아들을 보아서라도 잘 살아야겠다고 마음먹게 해준 나의 첫아들, 태원이.

"하나님! 내가 하나님은 아니잖아요. 하나님께서 독생자 아들을 잃었던 고통을 저에게 맛보게 하시는 이유를 저는 잘 모르겠어요. 저는 하나님이 이해가 되지 않습니다."

이렇게 따지고 들어갈 법도 한데, 하나님께서는 내가 하나님의 뜻을 거스르게 하는 죄를 짓지 않게 하시려고 이런 고통스러운 상황에서도 마음에 평안을 주셨다.

기도를 마치고 강대상에서 내려오는 나에게 권사님이 다가오시며 말했다.

chapter 1. 상실의 시대, 우리가 부를 노래

"목사님! 감사합니다. 이런 상황에서도 끝까지 강대상을 지켜주셔서요."

권사님의 말에 나는 애써 미소를 지어 보였다. 내가 한 것이 아니었다. 주님께서 내 마음을 붙드시고, 나의 모든 행동까지도 주장하셨기에 가능한 일이었다.

"목사님! 우리 태원이 건강하잖아요. 우리 장기 기증해요."

아내가 담담한 목소리로 나에게 말했다.

'주의 성령이 나와 아내의 마음 가운데 평안을 주셨구나!'

나는 아내의 제안에 더 감사하는 마음을 가졌다. 그렇게 우리는 장기 기증을 결심했다. 하지만 안타깝게도 병원 밖에서 갑자기 사망하는 경우, 장기를 검사하지 못했기 때문에 다른 사람에게 기증할 수 없다는 사실을 나중에 알게 됐다. 결국 우리는 두 개의 안구만 기증할 수 있었다. 태원이의 눈이 누군가에게 빛이 돼줄 수 있기를 간절히 기도하고 또 기도했다.

이 땅에 오직 주밖에 없네

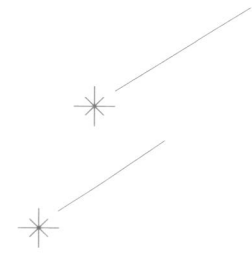

주 발 앞에 나 엎드려 주만 간절히 원해
주 계신 곳 나 바라봅니다
근심 속에 주 찾을 때 모든 필요 내려놓고
겸손하게 모두 드리리
오직 예수 주님만이 나의 삶의 이유
오직 예수 주님만이 나의 삶의 이유

누군가 복음성가 〈오직 예수〉를 부르면, 사랑하는 아들 태원이가 생전에 찬양 리더로 오른손을 치켜들고 열정적으로 찬양을 부르던 모습이 생각난다. 그 모습이 얼마나 자랑스러웠는지 모른다. 하지만 그 신나고 밝았던 찬양의 곡조가 이제 나에게 눈물샘을 자극하는 눈물의 찬양곡이 되고 말았다. 나의 큰아들, 눈에 넣어도 아프지 않을 나의 아들이 그리웠다. 하지만 찬양의 가사가 마치 아들을 잃고 고통 가운데 있을 나를 위해 태원이가 메시지를 전달하는 것 같았다.

"아버지! 주 발 앞에 엎드려 주님만 바라보시고 주님만 간절히 구하세요. 나를 잃은 그리움과 고통과 슬픔은 다 주 발 앞에 내려놓으시고 오직 예수님만 아버지 삶의 이유가 되기를 기도하고 있어요."

'무엇으로 눈물샘을 막을 수 있을까?'

오직 예수밖에 없었다. 오직 예수님만이 나의 위로자, 나의 피난처, 나의 구원자가 되실 수 있었다. 나는 고통이 몰아닥치고 위로가 필요할 때마다 손을 들고 찬양을 불렀다.

세상은 변해가고 소망은 힘을 잃어도
변함없이 붙드시는 그 구원의 손길
폭풍이 밀려와도 두려움 물러가네
우릴 위해 싸우시는 그 손을 의지해

이 땅에 오직 주밖에 없네
그 무엇도 나를 채울 수 없네
주님의 평안 내 안에 있네
그 누구도 빼앗을 수 없네

〈이 땅에 오직 주밖에 없네〉라는 찬양을 부르지 않으면 나는 말씀을 전할 수조차 없었다. 태원이가 부르던 〈오직 예수〉에 대한 나의 화답가였다.

"오직 주님의 위로밖에 없습니다. 무엇으로 슬픔을 기쁨으로 바꿀 수 있을까요? 오직 주님의 평안밖에 없습니다."

나는 그렇게 고백하고 또 고백했다. 그때 주님께서 주시는 위로와 평안이 없었다면 그 아픔을 이기지 못해 슬픔에 잠겼을 것이며, 맡겨진 사역을 감당하지 못해 하나님의 영광을 가렸을 것이다. 그러나 세상이 알 수도 없고 세상이 줄 수도 없는 평안이 있기에, 미약한 내 신앙을 주님께 고백하며 나아갈 수 있었다.

그러던 어느 날, 알래스카 아시아나의 주지원으로 와서 온 가족이 예수 믿고 3년 동안 신앙생활을 하다가 승진해서 한국으로 돌아간 조 집사님이 아들 태원이를 잃은 슬픔을 의로하는 이메일을 보냈다.

> 목사님, 사모님, 상상할 수 없는 비보를 접하고 큰 슬픔에 잠기셨을 목사님 내외를 생각하니 마음이 아픕니다. 항상 강건하고 의연하신 목사님이신지라, 지금도 자식 잃은 슬픔을 표하기보다 주변 분들에게 죄스러운 생각을 더 갖고 계실 것 같네요. 때로는 자식 때문에 화가 날 때도 있었겠지만 기쁠 때가 훨씬 많았겠죠? 20여 년 이상 부모에게 기쁨과 웃음을 준 자식이 그저 고마울 다름이 아닐까 생각합니다. 그 기간 충분히 행복했었다고….

그렇다. 조 집사님이 보내온 위로의 글처럼, 나는 태원이로 인해 충분히 행복했었다. 두 손을 번쩍 들고 〈오직 예수〉만 찬양하던 푸르고 아름다운 청춘의 때, 주님의 품 안으로 안긴 내 아들, 태원이.

누군가 말했다. 믿음이 좋은 사람을 하나님께서 천국으로 거둬 가실 때는 그 사람의 믿음이 가장 아름다운 때라고! 나도 그렇게 믿고 싶었다. 스무 살, 가장 푸르르고 아름다운 청춘의 때에 우리 태원이를 하나님께서 거둬가신 이유는, 태원이의 믿음이 가장 순수하고 가장 아름다운 때였기 때문이었다고!

눈물이 계속 차오르는 것을 막지 못해 울부짖으며 불렀던 〈이 땅에 오직 주밖에 없네〉라는 찬양도 내 힘으로 부른 것이 아니었다. 이 모든 것이 하나님의 은혜였다.

삯꾼 목사는 되지 말아야지

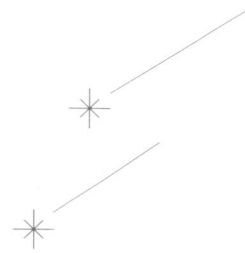

태원이가 천국에 부르심을 받고 떠난 후, 우리 가족은 애도조차 할 수 있는 상황이 안 되었다. 태원이와 함께 사륜 오토바이에 탔던 자매, 정원이가 혼수상태이며 헬기를 타고 병원으로 이송 중이라는 소식을 들었다.

"목사님, 일단 목사님은 저희와 함께 태원이가 있는 캠프로 가는 게 좋겠습니다."

교회 리더들과 아내는 바로 헬기를 이용해 병원으로 후송 중인 정원이에게 갔고, 나는 지역에 함께 있던 두 분의 목사님과 타키티나 캠프 사고 현장으로 갔다. 사고 현장의 정확한 사태 파악과 상황 수습이 긴급하게 필요한 상황이었다. 그렇다고 사고가 나서 혼수상태에 빠진 정원의 상태를 확인하는 것도 뒤로 미룰 수 있는 상황이 아니었다. 나는 사고 현장으로 가는 길에 병원에 있는 정원의 부모님과 통화를 하며 진심 어린 사과를 했다.

"정말 무어라 드릴 말씀이 없습니다. 죄송합니다. 원치 않는 사고로 정원이가 크게 다쳤는데, 용서하세요."

잠시 침묵이 흘렀고, 우리는 각자 할 말을 다 하지 못하고 슬픔을 삼키며 말없이 전화를 끊었다.

'이 상황을 어떻게 수습할 수 있을까?'

머릿속에서는 오만가지 생각이 왔다 갔다 했지만 결국 내가 할 수 있는 일은 마음속으로 주님을 찾는 일밖에 없었다. 사고 현장으로 가는 동안, 나는 마음속으로 기도하고 또 기도했다.

"주님! 모든 상황 가운데 동행하여 주소서. 사고 현장에서 일어난 일을 저는 알 수 없습니다. 무엇보다 우리 태원이가 부르심을 받은 그 사고 현장에서 제가 잘 견뎌낼 수 있도록 담대한 마음을 허락하소서. 한순간이라도 주님을 원망하지 않게 하시고, 오직 주님의 능력으로 이 모든 상황을 감당하게 하소서! 그리고 주님, 제발 병원에 있는 정원이가 무사할 수 있도록 도와주소서. 정원이가 회복될 수 있도록 은혜를 베푸소서."

타키티나 캠프로 향하는 차 안에서 만감이 교차하며 나의 부족함을, 나의 죄성을 회개하지 않을 수 없었다. 그때 주님의 음성이 들렸다.

"강하고 담대하라!"

나의 마음에 "강하고 담대하라!" 말씀이 지속적인 울림으로 다가왔다. 나는 반복적으로 들려오는 그 말씀에 순응하지 않을 수 없었다.

캠프에 올라갔던 아이들이 다시금 교회로 돌아온다는 소식에 아이들의 안전과 평안을 위하여 기도하며 그들과 연락하며 올라갔다. 드디어 캠프에 도착했다. 태원이가 죽음을 맞이했을 그 현장이 나의 가슴을 후벼팠지만 그럼에도 나는 담대했다. 이 또한 하나님께서 주신 마음이었다. 그곳에 먼저 도착해 있던 경찰에게 상황 설명을 들었다. 마음에 요동침 없이 차분히 들었다. 다 듣고 난 후, 잠시 바람을 쐬기 위해 차 밖으로 나가는데 모기가 극성을 부렸다.

'나는 살아있다고 이렇게 모기가 무는 것이 따갑고 싫은데 사고 현장에 누워있는 우리 아들 태원이는 얼마나 아팠을까?'

차분했던 마음에 그제야 슬픔이란 놈이 일렁이며 찾아왔다.

두 시간을 기다리며 타키티나 캠프에서 모든 절차를 마치고 다시 앵커리지로 돌아왔더니 새벽 4시가 되었다. 집 안으로 들어서는데 식구들이 나를 기다리고 있었다.

그러고 보니 내일이 어머니 팔순이었다. 어머니의 팔순 잔치를 하려고 버지니아에 사는 큰 누나와 알래스카 주노에 사는 작은누나가 우리 집에 모여 있었다. 나는 애써 슬픔을 감추고, 담담하게 상황을 설명하며 장례 절차와 병원 문제 등 시급한 문제를 나누었다. 새벽 6시가 되자, 나는 조용히 병원으로 다시 가보겠다며 일어섰다.

먼저, 정원이 부모를 만나야 할 것 같았다. 나는 서둘러 정원이가 입원해 있는 병원으로 발걸음을 옮겼다. 자식을 잃은 슬픔보다 정원이가 회복되기를 바라는 마음이 더 간절했다. 병원에 도착하자 아내가 하룻밤 사이에 핼쑥해진 얼굴로 나를 맞이했다.

"어제 병원에 도착하자마자 장로님들과 정원이 컨디션을 먼저 살펴보고 바로 부모님을 찾아가서 사과했어요."

아내가 나를 보자, 어제 있었던 일에 대해 얘기해 줬다. 아들을 잃은 슬픔보다 당장 입원해 있는 정원이를 위해 뛰어다니는 아내를 보며 마음이 아팠다. 아내 또한 나를 보며 같은 생각이었으리라. 나는 애써 담담한 표정으로 아내에게 말했다.

"다시 갑시다! 내가 직접 가서 정원이 부모님을 만나고 사과해야 할 것 같아."

나는 아내와 함께 정원이 부모님을 찾아갔다. 그리고 다시 한 번 정중히 용서를 구했다. 중태에 빠진 자식을 바라보는 부모의 마음이 마치 내 심장 속으로 들어온 듯 괴롭고 힘들었다. 정식 사과를 드리는 그 자리가 서로를 위로하는 자리로 바뀌었다. 하지만 위로도 잠시, 나는 괴롭고 무거운 마음으로 병원을 나와 교회로 갔다. 기도가 절실했다. 교회에 도착하자마자 강대상 앞에 무릎을 꿇고 기도할 수밖에 없었다.

"하나님! 저의 죄를 용서하소서! 원망하지 않겠습니다. 불평하지 않겠습니다. 하나님! 감사합니다. 그런데 하나님! 부족한 종은 영적으로 무지해서 하나님의 뜻을 알지 못합니다. 우리 태원이의 죽음이 헛되지 않고 하나님의 영광을 드러내기 원합니다. 하나님의 뜻을 알기 원합니다. 아버지! 병원에 있는 정원이의 온전한 회복을 구합니다."

밤새도록 눈물로 기도를 올려드렸다. 무엇보다 나와 우리 가족의 마음을 지켜 달라고 기도했다.

결국 어머니의 팔순 잔치가 태원이의 천국 환송 예배 시간으로 바뀌었다. 팔순 잔치를 위해 장 본 재료들도 결국 위로 예배 음식으로 차려졌다. 원래 돌아가기로 했던 누님들도 일정을 바꾸고 우리와 함께 머물렀다.

팔십 세까지 무탈하게 잘 사셨다고 축하하는 잔치가, 스무 살 꽃다운 나이의 청춘을 떠나보내는 천국 환송 잔치로 바뀌는 참으로 아이러니한 상황이었다. 다시 한번 육신의 장막을 벗는 날은 우리가 정할 수 있는 때가 아님을 깨닫게 되었다.

"우리 태원이는 욕심도 많아."

온 가족이 이구동성으로 말했다.

이야기인즉, 사고가 있기 일주일 전에 태원이는 온 가족들을 한자리에 모아놓고 타키티나 캠프장으로 1박 2일 캠핑도 갔다 오고, 영화도 보고, 원래 하지 않던 집안을 수리하는 일까지 직접 쇼핑해서 다 고쳐 놓는 등 정말 많은 일을 하고 떠났다. 바쁘다는 이유로, 피곤하다는 이유로 미뤄뒀던 일들이었다.

태원이 덕분에 우리 가족들은 형제 우애를 더욱 끈끈하게 하고 신앙을 새롭게 다지는 시간을 가질 수 있었다. 태원이의 천국 부르심을 계기로 우리 가족들은 모두 의기투합했다.

"우리 태원이의 죽음을 헛되이 하지 않기 위해서 말세지말의 신앙으로, 코람데오의 정신을 가지고, '아멘! 주 예수여 어서 오시옵소서!'라는 마라나타 신앙으로 담대히 나아가자고!"

우리 가족은 한마음이 되어, 태원이를 천국으로 환송했다.

지역에 사랑하는 동역자 목사님이 태원이의 천국 환송을 위해 기도했던 감사의 내용이다.

1. 사랑하는 아들을 창조 전에 택하여 주시고 믿음의 가정에 태어나게 하셔서 감사합니다.
2. 하나님께서 선택하신 목회자의 가정에서 성장하게 하셔서 감사합니다.
3. 천국의 소망을 품고 진실한 믿음으로 구원의 확신을 갖게 하셔서 감사합니다.
4. 부모님께 배운 거룩한 섬김의 본이 되며 성도들을 사랑으로 섬겼던 일을 감사합니다.
5. 죽음의 순간에도 자신의 생명보다 하나님께서 귀히 여기시는 또 다른 지체의 생명을 먼저 생각하게 하셔서 그를 보호하며 떠나게 하셔서 감사합니다.
6. 남겨진 육신, 땅에 묻기보다는 자신의 시신을 기증하여 시력의 회복을 염원하던 두 사람에게 새 빛을 주고 떠날 수 있었음을 감사합니다.
7. 교파와 종교를 초월하며 수많은 조문객의 전송을 받을 수 있음도 감사합니다.
8. 장례의 모든 일정 속에서 성도들의 섬김과 교회의 일치를 만들고 떠날 수 있음을 감사합니다.

성경에서 표현되는 입맞춤은 영접을 말한다. 영접의 입맞춤은 급히 이루어져야 한다. 만약 우리 태원이가 예수님을 믿지 않았다면, 이런 생각이 들자 아름다운 청년의 때에 우리 태원이를 만나 주신 하나님께 감사를 올려드렸다. 그리고 믿지 않는 영혼들에 대한 갈급한 마음도 들었다. 그 마음으로 나는 결심했다.

'우리 태원이를 위해서라도 삯꾼 목사는 되지 말아야지!'

나는 천국 환송 예배를 집례하겠다고 캐나다 밴쿠버에서 달려온 정홍은 목사님(당시 밴쿠버 순복음교회 담임)의 우는 자와 함께하기 위한 사랑을 평생 잊을 수가 없다. 그리고 천국 환송 예배를 위해 모인 사람들 앞에서 나의 마음의 결단을 선포했다.

"사랑하는 나의 아들 태원이가 천국에 갔으니, 나는 이제 더욱 더 천국의 소망을 가지고 살아가려고 합니다. 훗날, 우리 태원이를 천국에서 만나려면 삯꾼 목사는 되지 말아야겠습니다. 저는 이제부터 부끄럽지 않은 하나님의 종으로 살아갈 것을 이 자리를 빌려서 선포합니다."

그렇게 나는 태원이의 천국 부르심을 계기로 삯꾼 목사가 아닌 하나님의 일꾼이 되기로, 제대로 살아가기로 더욱더 확고하게 결단하게 되었다.

그렇게 집으로 돌아오는 길, 주일학교에서 태원이와 사역을 함께했던 선생님으로부터 편지를 받았다. 주일학교 선생님이 태원이에게 쓴 편지였다.

Dear Daniel!
태원 선생님, 고맙습니다.
그동안 우리를 잘 가르쳐 주셔서 감사합니다.
너무너무 보고 싶지만 하나님 곁에 가셨으니까, 이다음에 우리가 또 만날 수 있으니까 감사하며 참을게요. 항상 웃던 모습이 자꾸 생각납니다. 헌금 시간에 어린 저희에게 기도를 가르쳐 주며 따라하게 하던 선생님 모습, 헌금을 잊고 안 가지고 오면 선생님 지갑을 열어 선생님 돈을 주셨던 모습도, 〈one way Jesus〉를 부르던 모습도, 퀴즈를 맞히면 사탕을 주시던 모습도, 아무리 우리가 나쁘게 행동을 해도 항상 웃으며 타이르고 사랑해 주셨던 것도, 현서를 무릎에 앉히고 말씀을 전해 주시던 모습도, 점심 먹을 때는 꼭 우리 모두를 챙겨 주셨던 사랑 많으셨던 선생님을 정말 잊을 수 없습니다. 예은이와 릴리안은 선생님과 함께했던 게임을 하고 한나와 오나도 선생님을 생각하며 카드를 만드는 모습을 보니 태원 선생님은 정말 좋은 선생님이었음을 더 느낍니다. 조금 더 많은 것을 배우기를 원했는데 이제는 선생님 몫까지 하라는 말씀같이 느껴집니다. 우리 하늘나라에서 또 만나요. 사랑해요, 태원 선생님!

편지를 읽는 내내 눈에서 눈물이 흘렀다. 갑작스러웠던 아들의 죽음을 인정해 주지 못했던 나의 슬픔이 그제야 봇물이 터지듯 흘러나왔다. 그제야 나는 '꺼이꺼이' 소리 내며 울었다.

어떻게 목사 아들이 죽어?

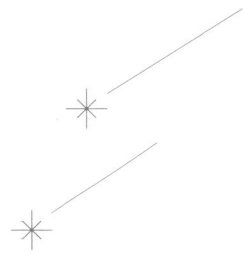

아들 잃은 슬픔을 뒤로하고, 교회에서는 병원에 혼수상태로 누워 있는 정원이를 위해 21일 릴레이 금식기도를 선포했다. 전적인 하나님의 은혜로 정원이는 깨어났고 회복됐다. 그런데 혼수상태에 있을 때는 정원이만 깨어나기를 간절히 원했던 정원이 부모님이 막상 깨어나고 회복되니까 마음이 변해서 교회와 태원이를 상대로 법정 소송을 걸었다.

그것도 모자라 상대편 변호사가 태원이의 지난날의 삶에서 문제를 찾아내려고 이웃 교회와 학교 친구들을 만나고 다닌다는 이야기를 듣게 됐다. 상대편 변호사가 태원이의 SNS까지 뒤지며 아들의 허물을 찾는다는 소식에 송곳으로 가슴을 후벼파는 듯한 고통을 느꼈다. 그것뿐이 아니었다. 캠프에 참여했던 부목사, 전도사, 청년, 청소년들이 태원이의 죽음에 대해 마음에 부담을 갖고 하나둘 떠나갔다.

"어떻게 목사 아들이 죽어?"

세상은 믿음의 지체들의 신앙을 의심하도록 만들었고, 그에 영향을 받은 성도들도 떠나기 시작했다. 사고로 인한 말들이 무성해도 내가 할 수 있는 일은 아무것도 없었다. 사실이 아니라고 한 마디 하면 열 마디가 돌아왔다.

2013년, 나는 침묵의 해로 선포하고 오직 주님만 의지했다. 사람의 동정이 아닌 주님의 은혜만 구하고, 고난의 돌파구가 말씀과 기도에 있음을 알기에 주님과 독대하는 시간을 많이 가졌다. 2013년 침묵의 해에 이어 2014년에는 여호와 하나님이 보시기에 합당한 정직의 해로 선포했다. 정직하게 행동하려는 몸부림으로 시간을 인내하며 기다렸다.

아내 모르게 법정 소송을 진행한 4년 동안, 승리할 수 있는 길은 오직 지금도 살아서 역사하시는 하나님의 말씀밖에 없었다. 날마다 담대하게 믿음을 선포하고 기도하며 현재 겪고 있는 고난과 모든 상황에서 하나님의 뜻을 구하며 감사했다.

결국 교회 보험에서 정원 자매에게 100만 달러의 보상금을 지급했다. 그리고 캠프를 상대로 법정 싸움을 하는 어렵고 힘든 시간을 견뎌내야 했다. 그럼에도 불구하고 주님께서 함께하셔서 부활의 주님을 만난 증인으로서 결코 빼앗길 수 없는 기쁨과 평안을 주셨다. 그것이 진정한 승리였다.

진정한 승리가 이 땅에서 하나님의 일하심으로 나타나기 시작했다. 성도가 갑자기 줄고 교회의 재정적인 문제가 대두될 즈음, 하나님은 알래스카에서도 가장 북쪽 '세상의 꼭대기Top of the World'라불리는 베로Barrow에서 생각지도 않게 물질을 채우셨다. 베로는 삼천 명밖에 살지 않고 사방에 나무 한 그루 없는 척박한 곳이다. 하나님은 겨울철 물을 뿌리면 바로 언다는 그곳에서 20년째 사업을 하시는 백필현, 백혜순 권사님 가정을 자주 장사 루디아처럼 귀하에 사용하셔서 필요한 물질을 채우셨다. 그곳에서 태어난 세 딸은 한국말도 잘했고 신앙도 좋았다. 궁금하여 들어보니, 매일 한글로 성경 한 장 쓰기를 했다고 한다. 이를 통해 한글 공부는 물론 신앙 훈련까지 철저히 시켜 하나님의 살아 역사하심을 체험하고 믿음이 굳건한 자매들로 성장할 수 있었다고 한다. 나는 승리의 역사가 삶 가운데 나타나자 더욱더 감사한 마음을 주님께 올려드렸다.

하나님이 허락하신 기업인 자녀의 소중함을 둘이 있을 때는 실감하지 못했다. 있다가 없는 것이 이렇게 큰 고통인 줄 몰랐다. 그러다 '왜'라는 질문이 원망임을 깨달았다. 이게 다시 하나님께 감사드린다. 남겨 주신 하나에 감사, 데려가신 하나에 감사, 하나님께 오직 감사를 올려드렸더니 열을 백으로 더해 주셨다. 그렇게 감사가 넘치는 나날들을 보내고 있는데 평소에 함께했던 교단 목사님들이 간증 집회에 초청해 주셔서 말씀을 나누는 시간을 허락해 주셨다. 그곳에서 나는 주님의 뜻을 알게 되었다. 그 집회에 참여한 성도들의 아픔이 느껴지고 알게 되는 역사가 있게 하셨다.

'사람들이 마음으로 울고 있는 모습이 보였다.'

강단 위에서 태원이를 잃은 나의 슬픔과 고통의 무게, 그리고 그것이 부활의 기쁨과 감격스러운 승리로 전환되었음을 선포했을 때, 하나님은 그곳에 있는 성도들의 상한 마음이 치유되는 기적을

맛보게 하셨다.

헨리 나우웬의 「상처 입은 치유자」를 보면 인간의 주된 상처는 '외로움' 때문이라고 한다. 단순히 상처받은 마음 때문이 아니라, 그 마음을 아무도 알아주지 않는 외로움, 그것이 주된 상처란다. 나 또한 사랑하는 아들을 잃었을 때 철저하게 외로웠다. 어찌 보면 우리 가족 모두가 외로웠다. 우리는 서로를 배려한다는 명목하에 아들과 형을 잃어버린 고통을 나누지 않고, 그저 각자 홀로 그 고통을 감당하고 있었다.

그것은 바로 철저한 '외로움'이었다. 그리고 그 '외로움'은 우리를 더 깊은 상처 속으로 몰아넣었다. 그 '외로움' 끝에 서 계신 분이 예수님이셨다. 예수님만이 나의 외로움의 끝자락에서 나를 위로해 주셨고, 나를 회복시켜 주셨다.

그 후로 놀랍게 성도님들의 상처와 고통과 외로움을 볼 수 있었다. 나는 상처 입은 성도님들에게 외로움의 끝자락에서 만난 예수님을 전할 수 있었다. 그리고 놀랍게 예수님으로 인하여 회복과 치유의 기적이 일어나는 역사를 목도하게 되었다.

나는 그제야 내가 세상에서 가장 사랑하는 나의 아내와 남은 나의 아들, 태영이를 바라보았다.

'우리 모두 외로웠다.'

그러한 인정이 우리 모두에게 필요하다는 것을 깨닫게 되는 시간이 비로소 찾아왔다.

하나님을 이해할 수 없어

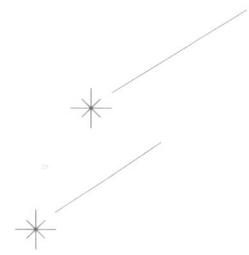

태원이는 태영이의 단짝이었다. 사랑하는 형을 먼저 보낸 태영이는 형의 빈자리를 메우려고 우리가 보는 앞에서는 아무렇지 않은 척했지만, 혼자 있는 시간에는 자기 방에서 베개를 얼굴에 누르고 흐느끼며 울었다.

'울음을 참는다는 것이 얼마나 힘들까?'

병원에 있는 정원이의 회복 소식을 들을 때마다 태영이는 미소 지었다. 하지만 이내 형의 생각으로 가득해져 어두워지는 태영이의 얼굴을 보았다. 그나마 다행인 것은 좋을 때, 힘들 때, 어려울 때, 함께할 수 있는 친구가 태영이 곁을 지키며 같이 시간을 보내 주고 있었다. 참 감사한 일이었다.

어느 목사님이 나에게 들려준 이야기가 생각난다.

목회자 자녀들이 다 잘 되는 것만 자랑해도 은혜가 안 되고, 또 항상 공부 잘해서 출세하면 성도들 자녀의 아픔을 진정으로 알지 못한다는 말이었다. 다시 말하면 체험자는 다 안다는 의미였다. 자식이 속 썩이고 아픔을 겪은 사람은 상대방의 마음에 공감할 수 있다. 나 역시 이제 그 마음을 조금 알 것 같았다. 우리 하나님께서 부족한 나에게 그 아픔을 알게 하시려고 우리 태원이를 부르신 것 같다. 실제로 이번 일을 통해 우리 성도님 중에도 우리 태원이 나이 때의 자식을 잃은 아픔을 경험한 분들이 있다는 것을 알게 됐다. 내가 이런 일을 경험하지 않았다면 결코 알지 못했을 이야기를 듣고 뒤늦게 감사할 뿐이었다.

태원이가 하늘나라에 간 이후, 한동안 태영이는 교회 안으로 들어서지 못한 채 방황했다. 사고가 난 지 4개월이 지났을 무렵, 오랜만에 태영이가 용기를 내어 교회에 왔다. 청소년과 청년들이 콘서트를 준비하며 핸드 마임을 하고 있었다. 그 과정을 지켜보는 태영이의 얼굴은 굳어 있었다. 태영이와 우리 가족에게 있어서 이 모든 상황은 태원이에 대한 추억을 떠올리게 했다. 지켜보는 것만으로도 아픔이었고, 태원이를 향한 그리움이 차오를 수밖에 없는 시간이었다.

연습을 함께하는 시간 내내 태영이는 무표정한 얼굴로 생기라고는 전혀 찾아볼 수 없었다. 태영이의 그런 모습을 지켜봐야 하는 나와 아내의 마음도 찢어질 듯 아팠다. 어차피 슬픔도 아픔도 상처도 살아남은 자의 몫이었다. 우리는 될 수 있는 대로 담대하게 감당해 내려고 각자 애쓰고 있었다.

모든 일정을 마치고 태영이를 데리고 중국 식당에 갔다. 이제 하나밖에 남지 않은 아들과 단둘이 있게 된 이 시간, 우리는 처음 만난 사람들처럼 어색했다. 무슨 말을 해야 할지도 모르겠고, 그냥 어색해질 때마다 물을 마시기 바빴다. 잠시 후, 교회 일을 정리하고 아내가 합류했다. 셋이 함께한 자리가 얼마 만인지 가물가물했다. 아내가 합류했음에도 어색함은 가라앉지 않았다. 태원이를 하늘나라에 보내고 난 후, 우리는 서로를 배려한다는 명목하에 말하는 것도 조심스러워했다. 자칫 말로 인해 서로에게 상처를 입힐까 봐 두려워했다. 밥을 먹기 전에 마음을 추스르고, 말을 가다듬고, 표정을 관리하기 위해 각자 아무 말 없이 화장실로 가곤 했다. 그때 4 빼기 1은 3이 아니라 1이라는 것을 깨달았다.

"우리, 여행이라도 좀 다녀올까?"

어색함을 풀어 보기 위해 나는 아내와 태영이에게 제안했다. 잠시 침묵이 이어졌다. 아내와 태영이는 뜬금없이 여행을 제안한 내 마음을 알고 있는 듯했다. 함께 있지만 외로움의 극한에 다다른 우리 세 사람에게 뭔가 돌파구가 필요했다.

"좋아! 그렇게 해요. 태영아, 그렇게 하자!"

아내가 동의하고 태영이에게 동의할 것을 권면했다. 잠시 머뭇거리던 태영이도 말없이 고개를 끄덕였다.

그렇게 우리는 여행을 계획했고, 논의 끝에 선택한 여행지는 한국이었다. '여행으로 선택한 곳이 겨우 한국이라니?'라고 생각할 수도 있겠지만 어쩌면 같은 언어, 같은 생김새, 그리고 가족이 있는 그곳에서 우리는 위로를 받고 싶었던 것 같다. 지치고 힘들 때마다 찾아가 위안을 받는 고향처럼, 위로가 필요한 이때 우리는 한국이 그리웠던 것 같다.

그렇게 우리는 한국으로 여행을 나왔다.

처제들 집에 머물기도 하고, 셋이서 여행을 다니며 호텔 방에도 머물렀지만 그렇다고 우리의 어색함이 풀어지지는 않았다. 오히려 같은 공간에서 벗어나지 못하고 함께 지내야 한다는 것이 더 문제였다. 아들을 잃고, 형을 잃은 상실감으로 닫힌 마음의 문은 공간을 바꾼다고 채워지지 않았다. 아무리 좋은 곳을 봐도, 아무리 맛있는 음식을 먹어도 별다른 감흥을 느끼지 못했다. 그러다 끝내 참고 참았던 봇물이 터지듯 태영이가 진짜 속마음을 터트렸다.

"하나님을 이해할 수 없어. 왜 형을 데리고 갔을까?"

'오랫동안 억눌러왔던 감정이었으리라.'

태영이에게 형은 좋은 친구이자, 낯선 나라에서 통역관 같은 역할을 하고 있었다. 믿고 의지했던 형이 마음의 준비를 할 겨를도 없이 순식간에 자기 곁에서 사라졌으니 그 상실감은 우리 부부보다 더했을지도 모르겠다. 그 상실감을 견디지 못한 태영이는 방황했다. 그 누구도 태영이를 위로할 수 없었다. 게다가 함께했던 성도들의 비난이 들리자 더 견디기 어려워했다. 가족처럼 친밀했던 성도들이었다.

"태원이에게 무슨 문제가 있었던 거 아냐?"

그런 비난의 목소리는 물론, 아예 교회를 떠나는 교인들과 친했던 친구들을 보며 태영이는 더 벼랑 끝으로 내몰리는 듯했다. 결국 그 상처가 하나님을 향해 뻗어갔다.

"난 정말 하나님을 이해할 수 없어. 형이 무슨 잘못을 했길래? 왜 형을 데리고 가냐고?"

태영이는 고통스러운 얼굴로 힘겹게 말을 꺼냈다. 태영이가 내뱉는 말 한마디 한마디에서 힘들어하는 것이 느껴졌다. 나는 마땅히 해줄 말을 찾지 못한 채 입을 다물었다. 아내는 애처로운 눈빛으로 태영이를 바라보다가 힘겹게 말을 꺼냈다.

"나도 널 이해 못 하고, 너도 엄마를 이해 못 하잖니? 우리가 이해할 수 있다면 하나님이 아니겠지. 하지만 하나님께서는 우리를 다 알고 이해하신단다."

아내의 위로와 설득의 말에 태영이가 조금 누그러지는 것 같았다. 하지만 시간이 흐를수록 태영이의 신앙은 무너지기 시작했다.

'외로웠을 것이다.'

태영이의 외로움은 그 누구도 위로해 줄 수 없었을 것이다. 나처럼 외로움의 끝자락에서 태영이도 오직 주님만이 그의 위로자, 그의 치료자가 되심을 알게 될 것이다. 나와 아내가 할 수 있는 일은 오직 기다려 주는 것밖에 없었다. 하나님께서 위로와 회복으로 치유해 주시기를 기도하며 기다리는 방법밖에 없었다.

성도들이 하나님의 말씀에 대해 궁금해서 무엇인가 질문을 한다는 것은 정말 좋은 일이다. 궁금하지 않다는 것은 관심이 없다는 것이고 알고 싶지 않다는 것이니까. 말씀을 읽고, 설교를 듣고, 때로는 믿음의 사람들의 삶을 보며 '왜'라는 질문이 생긴다면 그것이야말로 관심이 있다는 것이기에 신앙이 자라날 수 있는 좋은 징조다.

세상 사람들은 고난의 때에 답답해한다. 신앙의 초보에 있는 사람들은 성도들이 믿는다는 이유로 고난을 당하는 것을 볼 때 많은 부분에서 이해가 가지 않는다. 그렇다. 우리의 시선에서 보면 하나님이 이해가 안 될 때가 많다. 사실 세상 사람들에게 말로 설명해서 이해되는 하나님이라면 이미 하나님이 아니다. 그런 하나님은 내가 만든 하나님이다.

"나는 하나님을 이해하려고 하지 않는다. 이해할 수 있다면 하나님은 이미 신이 아니다. 나는 하나님을 이해하려고 하지 않고 그저 신뢰한다"라는 신앙고백을 한 「당신은 하나님을 오해하고 있습니다」의 저자 유석경 전도사님은 2010년 미국 전도 세미나 참석을 계기로 자신이 가장 행복한 일에 올인하기 위해 선교사로 헌신했다. 그 후 미국 시카고에 있는 트리니티 신학대학교에서 목회학 석사 과정 졸업을 한 학기 남겨두고 교회에서 일을 시작했다. 충격적이게도 그녀는 교회에서 일을 시작한 그 주에 직장암 말기 판정을 받았다. 수술해도 길어야 1년이라는 의사의 선고가 떨어졌다. 그녀는 수술, 항암, 방사선을 하며 시간을 보내기보다 얼마 남지 않은 시간에 단 한 명의 영혼에게라도 복음을 더 전하다가 주님의 품에 안기고 싶었다. 그녀는 집으로 찾아온 성도들에게 마지막 힘을 다해 '고난 중에 기뻐하라'라는 메시지를 전하고 2016년 3월 4일에 육신의 장막을 벗고 영원한 생명의 주인이신 하나님 품에 안겼다.

평탄할 때는 깨닫지 못하지만, 성경은 고난이 유익인 이유를 분명하게 말한다. 고난을 겪기 전에는 철부지 어린아이와 같아서 내가 하는 것을 자랑하지만, 고난을 통해 내가 할 수 없는 많은 것들이 있음을 인식하며, 고난을 통해 주의 율례를 배우고, 고난을 통해 믿음이 성숙해 간다.

5+5=10이고 5-3=2이며 2+2=4라는 이야기가 있다. 이는 오해

하고 오해하면 열받고, 오해를 세 번만 참으면 이해가 되며, 이해에 이해를 더하면 사랑하게 된다는 것이다. 하나님은 우리를 이해하시고 용서하시고 사랑하신다는 사실을 분명히 알아야 한다. 그러기에 지금은 깨닫지 못하지만, 현재의 환난 가운데서도 소망의 하나님을 바라볼 수 있어야 한다. 전지전능하시고 무소부재하신 하나님을 우리는 알지 못하고, 이해하지 못한다. 부분적으로 아는 지식으로 이해되는 하나님은 이미 하나님이 아니다. 우리는 그저 날마다 주어진 환경 속에서 주님을 알아가는 기쁨으로 가득한 삶을 살아가는 것뿐이다.

초겨울의 언저리에서 태영이와 아내와 나는 처음으로 셋이서 진지하게 대화를 나누었다. 한 10분에서 20분 정도였지만 우리 부부는 태영이와 대화를 나눈 후 소리 없이 눈물을 흘렸다. 사실 태영이와 나눈 대화는 별것이 아니었다.

"저 Best Buy에 갔다 올게요."

"왜? 12시가 다 되어가는데?"

"새로운 게임이 나와서요."

"같이 갈까?"

"제 걱정하지 마세요. 내가 들어오기 전까지 엄마, 아빠가 잠 못 자는 거 알아요. 잠 못 주무시더라도 그냥 침대에 누워 휴식이라도 취하고 계세요. 그게 제 마음이 편해요."

태원이가 천국에 간 이후에 처음으로 자신의 속마음을 보여 준 태영이였다. 우리는 용기를 내서 더 깊이 대화를 시도했다. 자식과 대화를 하면서 이렇게 조심스럽게 용기를 내야 하다니. 하지만 태영이의 컨디션이 그랬다.

"왜? 교회 형들이랑 못 어울려?"

"내 또래 친구가 없어서요. 그리고 한국말도 서투르고, 또 지금 내 감정이 그래요. 아직 교회 형들이랑 어울리고 싶지 않아요."

보통 때 같으면 무시할 수 있는 아무것도 아닌 대화가 내 마음을 울리는 것을 보면 "눈물 젖은 빵을 먹어 본 사람만이 그 진가를 안다"라는 말이 맞는 것 같다. 나는 태원이의 죽음 덕분에 겨우 다른 사람들의 처지를 생각할 수 있는 사람이 되었다. 태원이의 죽음은 태영이에게 매우 힘든 방황의 시기를 걸어가게 했다. 그리고 5년쯤 지나서 태영이를 돌이키게 만드는 놀라운 사건이 터졌다.

라스베이거스 총기 사건

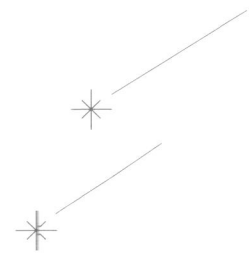

"아빠! 사랑해! 아빠! 기도해 줘! 여기 총격 사건이 일어났어."

태영이에게서 전화가 걸려와 반갑게 전화를 받았는데 다급한 목소리로 태영이가 말했다.

'도대체 이게 무슨 소리인가?'

아주 작고 가냘픈 목소리로 속삭이듯 기도를 요청하는 태영이의 목소리에 나는 긴장했다. 순간 머릿속이 하얘지는 것 같은 기분이 들었다. 내가 대꾸할 틈도 없이 태영이에게서 걸려온 전화가 끊겼다. 나는 얼른 TV를 켰다.

2017년 10월 1일 주일 오후 10시.

라스베이거스 총기 난사 사건이 발생했다. 59명이 사망했고 500여 명이 다쳤다. 놀랍게도 태영이가 그 사건 현장에 있었다.

TV에서는 라스베이거스 총격 사건에 대한 보도가 계속 나오고 있었고 그 후로 태영이에게서는 아무런 연락이 없었다. 나와 아내는 아들과 같이 있는 심정으로 부르짖으며 기도할 수밖에 없었다. 아내와 나의 기도는 태영이를 잃을지도 모른다는 두려움으로 울부짖고 부르짖는 고통스러운 절규에 가까웠다.

"하나님! 태원이로는 부족하신가요? 하나님! 우리 태영이 살려 주세요. 지금 어떤 상황인지 잘 알지 못합니다. 제발, 안전하게 보호해 주세요. 주 날개 아래 안전하게 감싸 안아 주세요."

우리가 할 수 있는 것이라고는 울부짖고 부르짖는 기도밖에 없었다. 그리고 두 시간 뒤에 태영이에게서 다시 연락이 왔다.

"지금 화장실에서 나와 복도에 있는 자동판매기 사이에 몸을 숨기고 있어요. 걱정하실까 봐 전화했어요. 나중에 또 연락드릴게요."

아직도 위급한 상황이었다. 아내와 나는 기도를 멈추지 않았다. 그리고 또 두 시간 뒤에 태영이에게서 다시 전화가 왔다.

"아빠! 호텔 방에 들어왔어요."

호텔 방에 들어갔다는 태영이의 말을 듣고 우리는 겨우 안도의 한숨을 내쉬었다.

"주님 감사합니다! 주님께서 하셨습니다!"

나와 아내는 찬양을 올려드리며 감사기도를 했다. 태영이와 전화 통화를 하며 우리는 태영이가 처해 있던 상황에 대해 들을 수 있었다.

태영이는 그때 출장을 가서 사건 현장 맞은편 호텔에 투숙 중이었다. 사건 발생 시각에 태영이가 호텔 밖으로 나가려고 하는데, 밖에서 피 흘리는 사람들이 소리치며 호텔 안으로 달려 들어왔다고 했다. 태영이는 놀라서 본능적으로 몸을 피했고, 달아난 곳이 바로 화장실이었다. 나에게 전화한 곳이 바로 그 화장실이었다고 한다.

두 시간 동안 화장실에 숨어 있다가 분위기를 살피며 밖으로 나와서 자동판매기 사이에 숨어서 다시 전화하고, 두 시간 만에 겨우 호텔 방 안으로 들어와 전화했다고 하니 정말 일촉즉발, 위기의 상황이었다. 태영이의 이야기를 듣는 내내 모골이 송연해질 정도로 소름이 돋았다. 행여나 태영이가 다치거나 태원이처럼 천국으로 부르심을 받는다고 생각하니, 생각만으로도 억장이 무너지는 것 같은 통증을 느꼈다. 정말 하나님의 보호하심이 없었다면 생각하기도 싫은 끔찍한 상황을 맞이할 수도 있었다는 생각이 들었다.

"그런데 아빠!"

이어지는 태영이의 고백을 듣고 나는 다른 의미에서 놀랐다.

"형이 죽고 나서, 나는 죽을 준비가 되어 있는 줄 알았어요. 그런데 아직 준비가 안 됐더라고요. 이제 그 준비를 위해, 하나님께로 돌아가야 할 것 같아요."

태영이의 고백을 통해 나는 이 모든 상황이 방황하던 태영이를 주께로 돌이키게 만드는 하나님의 놀라우신 계획과 은혜의 사건 현장이었음을 알게 됐다. 내가 태영이의 육신의 생명을 걱정했을 때, 하나님께서는 하나님과 단절된 채 헤매고 있는 태영이의 영혼이 더 중요하다는 것을 알게 하셨다.

이 순간에도 하나님과 나의 시각 차이를 분명하게 느낄 수 있었다. 태영이의 사건을 통해 나는 다시 한번 다짐하고 기도하는 시간을 갖게 됐다.

"주님! 나의 시선이, 나의 마음이 주님 닮기를 원합니다. 한 영혼을 주께로 돌이키게 하는 것이 그 무엇보다 귀한 일임을 다시 한 번 고백합니다. 그 영혼 구원을 위해 저를 사용하여 주소서. 육의 생명에 머무는 것이 아니라 영원한 생명으로 향하는 길로 인도하는 중매쟁이로 저를 사용하여 주소서! 주님의 눈길이 닿는 곳에 나의 눈길이 머물게 하시고, 주님의 마음이 향하는 곳에 저의 마음이 향하게 하소서. 예수님의 이름으로 기도드렸습니다. 아멘!"

그날 이후로 태영이는 변화하기 시작했고, 조금씩 열심을 내기 시작했다. 그리고 지금도 태영이는 주님 안에서 성장 중이다. 형을 잃은 태영이의 슬픔을 이해해 주시고, 극적인 사건을 통해 주님 품으로 돌아오게 하신 하나님의 놀라운 계획에 다시 한번 감사드린다.

고슴도치 사랑

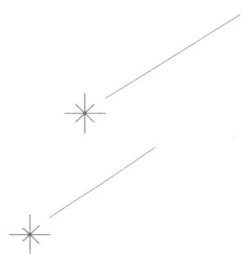

"아빠, 무슨 일 있으면 24시간 언제든지 연락해."

스무 살 이후, 독립해서 혼자 사는 태영이는 어느새 다 커서 나의 상담사를 자청하고 나섰다. 늘 나를 조마조마하게 하고 걱정시켰던 녀석이 이제 거꾸로 내가 걱정스러운지 나의 통화 목소리만 듣고도 감정의 기복을 읽곤 한다.

"나는 아빠가 자랑스러워!"

아들에게 이런 말을 듣는 아버지가 몇이나 되겠는가? 자식은 아비의 면류관이라더니 정말이지 이제 대놓고 자식 자랑을 늘어놓고 다니는 팔불출이다. 부모의 마음이야 다 같겠지만, 나에게는 아주 특별한 자식인 태영이의 얼굴을 그저 주일에 한 번 보는 것이 다였기에 아쉬운 마음으로 거의 매일 통화하며 말했다.

"아들, 사랑한다!"

"아빠, 아이 러뷰!"

마음이 담긴 고백으로 서로의 목소리를 들으며 안부를 주고받는다. 부모는 1년 365일, 늘 자식을 마음에 품고 생각하며 살아간다. 모든 것을 다 주고도 더 주지 못해 미안한 마음과 그저 자식이 잘되기를 바라는 마음으로 늘 전전긍긍, 오매불망 자식을 바라보는 것이 부모의 마음이다.

"아빠, 저 여자친구 생겼어요. 엄마, 아빠에게 소개해 주고 싶은데, 주중에 저녁 먹으면 어떨까요?"

태영이에게 여자친구가 있다는 것은 진작 알고 있었지만, 인사를 나눈 적이 없었다. 궁금했지만 태영이가 여자친구를 소개해 주겠다고 먼저 말할 때까지 기다리기로 했다. 그런데, 아들이 드디어 여자친구를 집에 데리고 와서 인사를 시키겠다는 것이다. 그전까지 부모로서 욕심은 아들이 미국에서 태어나서 자랐음에도 불구하고 한국 여자를 만나서 결혼했으면 좋겠다고 생각했고, 아들 또한 부모의 마음을 알기에 많이 고민하는 모습을 보였다. 하지만 시간이 지나면서 부모의 잘못된 편견과 욕심을 내려놓고 그저 아들이 사랑하는 사람이라면 행복하지 않을까 하는 마음을 갖게 되었다. 서로가 시간이 맞지 않아 차일피일 미루다 드디어 주중 저녁에 약속을 잡았다. 아들이 여자친구를 데리고 오면 무슨 말을 할까, 생각을 많이 했다. 드디어 그날이 왔고 여자친구에게 질문할 내용을 정리하며 대답은 Yes이기를 기대했다.

"하나님을 사랑합니까?"

"예수님을 당신의 구주로 믿으세요?"

"성령님이 우리 안에 거하여 세상 끝 날까지 우리와 함께하심을 믿으세요?"

"부모님을 사랑하세요?"

"형제자매를 사랑하세요?"

"그리고 마지막으로 우리 아들을 사랑하세요?"

내가 묻고 싶은 것은 신앙 문제와 가족애, 그리고 무엇보다 중요한 태영이를 사랑하는가 하는 것이었다. 모든 질문의 대답은 Yes였다. 밝고 명랑한 아들과 여자친구의 모습을 보며 기쁘고 감사했다. 사랑하는 내 아들 태영이는 남들보다 학벌이 좋지 않다. 또 목회자의 자녀로서 상처만 가득 남겨 줬다. 그럼에도 불구하고 열심히 살아온 태영이였다. 모든 시간을 잘 버텨 준 것에 대한 감사와 미안한 마음에 갑자기 울컥 눈물이 쏟아질 것 같았지만 분위기 좋은 자리를 망치기 싫어 애써 눈물을 참아냈다.

"우리 태영이가 잘 생겨서 예쁜 여자 만나기가 힘들어."

올해 92세로 치매에 걸린 어머니와 함께 식사하고 있었는데 옆에 앉아 있는 나에게 작은 소리로 속삭이는 것이었다. 나는 그 말에 웃음이 터졌다. 손자의 여자친구를 본 첫인상의 결론은 '우리 손자가 더 잘 생겼다'였다. 이 말은 '고슴도치도 제 새끼는 예쁘다'라는 말과 같다. '내 자식이니까! 내 손자니까' 다 예뻐 보이고 사랑스러워 보이는 것이다. 자주 보다 보니까 처음 보는 사람이나 어쩌다 보는 사람과는 비교가 되지 않는다. 설령 상대방이 잘났다 할지라도, 제 눈에 안경이기에 눈에 콩깍지가 씌면 아무것도 보이지 않는 것이 부모요 가족이며 사랑하는 사이다. 때로는 다투며 섭섭한 마음이 들기도 하지만 그래도 내 가족을 내가 못났다고 말할 때는 괜찮지만 남들이 못났다고 말하면 화가 나는 것이 부모요 가족이다.

고슴도치는 보통 5천 개의 가시가 있는데 이렇게 많은 가시를 가지고도 서로 다치지 않게 사랑도 하며 새끼를 낳고 어울린다. 우리에게도 많은 가시가 있어서 가까이 갈수록 더 많은 아픔과 상처를 주고받으며 살아간다. 하지만 사랑의 시작은 나보다는 상대를 먼저 살피는 배려라는 것을 깨닫기에 품어 준다.

아들의 여자친구와 대화를 나누며 아들이 여자친구에게 가족 이야기를 많이 했음을 느낄 수 있었다. 지난날에 아들이 치매에 걸린 할머니를 모시고 사는 우리를 보고 이렇게 말한 적이 있다.

"나도 엄마, 아빠가 나이 들어 몸이 불편하면 모시고 살아야지!"

어린 나이에 그런 생각을 하고 표현해 주는 것이 감사했다. 이것이야말로 정말 산 교육이라 생각했다. 부모 공경은 말이나 용돈을 많이 주는 것에 있지 않다. 그저 한 번이라도 더 찾아가 웃어 주고, 반복되는 이야기라 할지라도 들어주고, 손을 잡고 안아 주며 사랑한다고 말해 주는 것이다. 이렇게 실천할 때 자녀들이 보고 배우는 가정교육이 된다. 앞으로 아들이 여자친구와 어떻게 될지 모르겠지만, 학업 중인 여자친구가 남은 1년을 잘 마치고 서로 사랑하고 이해하고 용서하며 잘 지냈으면 하는 바람뿐이다. 그리고 누가 뭐라 해도 나 또한 '고슴도치 사랑'으로 내 아들이 자랑스럽다.

"사랑한다! 내 아들, 태영아!"

상실의 시대, 우리가 부를 노래

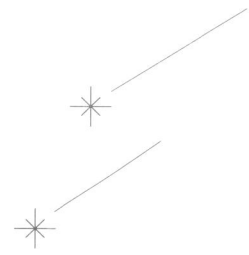

　기도 제목은 많아졌는데 참 안타까운 기도 제목들로만 가득한 시대다.

　다들 물질적인 어려움을 호소하고, 육신의 질병과 자녀 문제 등으로 이 모양 저 모양의 아픔을 호소한다. 기도 제목은 늘어가고 아프고 힘든 만큼 기도하는 사람이 많아져야 하는데, 반대로 기도하는 사람들은 줄어들고 그나마 기도하는 사람들의 기도 시간도 줄어들고 있다. 어쩌면 세상 앞에서, 물질 앞에서, 건강 앞에서 우리는 나약하고 속수무책의 신앙을 갖고 세상을 견뎌내듯 살아가고 있는 것은 아닐까? 내 문제만으로도 급급하고, 내 문제만으로도 버거워서 남을 위한 중보기도는 꿈도 꾸지 못한 채 하루하루를 살아가는 신앙인들이 점점 더 많아지고 있는 이 시대에, 예수 그리스도를 믿는 하나님의 자녀들은 점점 더 힘을 잃어가고 있다.

　하나님께서는 당신의 형상대로 인간을 만들어 모든 것을 다스리는 권세를 주셨는데 우리는 죄로 인해 그 권세를 사단에게 뺏겼다. 하지만 예수님께서 이 땅 가운데 오셔서 당신의 생명을 내어주심으로 우리의 죄를 도말하셨다. 그로 인해 이제 다시 우리에게 이 땅의 모든 것을 다스릴 권세가 주어졌다. 하지만 우리는 여전히 사단에게 뺏긴 채로 예수님 십자가의 피 흘림의 사건을 아무 의미 없는 것으로 치부해 버리며 살아가고 있지는 않은가?

예수님의 십자가 대속 사건을 믿는가? 믿는데 왜 주저앉아 있는가? 믿는데 왜 우울한가? 믿는데 왜 기쁨이 없는가? 이런 것들을 하나하나 점검해 나가다 보면 예수님께서 왜 "믿음이 작은 자들아!" 하며 안타깝게 말씀하셨는지 알 수 있을 것 같다. 예수님처럼 흐르는 땀방울이 핏방울 되도록 간절히 부르짖으며 기도해야 하는데, 부르짖는 기도보다는 편하게 땀도 흘리지 않는 묵상 기도를 선호하고 있으니 말이다. 기도의 불은 점점 식어가고 그 화력이 약해져 그 누구도 따듯함으로 녹여 주지 못하거나 세상 불에 의지하여 기도의 끈마저 놓아 버린 이 시대에 기도의 용사를 찾으시는 주님의 음성을 우리 모두 들을 수 있기를 소망한다.

오직 환난 가운데서도 즐거워할 수 있는 이유를 알기에 소망의 하나님을 바라본다. 세상에서 고난을 겪을수록 강해지는 것이 그리스도인이다. 왜냐하면 그리스도인은 세상과 달리 하나님을 바라보기 때문이다. 그리스도인의 마음과 생각은 불신자와 다르기 때문이다. 주어진 날들 동안 "여호와 닛시!"를 외치며 오직 주님만 바라보고 주님의 마음으로 승리해야 한다.

오늘도 하루를 시작하며 아직 단 한 번도 가보지 않은 시간을 여행하는 느낌으로 살아간다. 무슨 일을 만날지, 잘 짜인 시간표와 계획들 말고 어떤 복병을 만날지, 어떻게 순탄하게 인도하실지 모르지만 기대 반, 설렘 반을 가지고 그저 내가 할 수 있는 일에 순종하려 한다. 그리고 그저 감사하려 한다. 그저 작은 믿음, 작은 몸짓 하나로 담대히 나아가려 한다. 그러기에 기쁨이 넘친다. 하나님이 함께하신다는 사실 때문에 언제나 승리를 외친다.

"나의 생명, 나의 전부이신 하나님! 당신만 의지합니다."

chapter 2

승리를 향하여, 우리가 나아갈 방향

내 안에 있는 깡

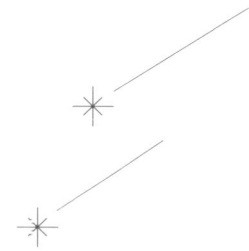

　내가 경험한 아픔, 고통과 고난을 나누는 것이 그 누군가의 말 못 할 아픔과 마음을 조금이라도 어루만질 수 있다면 감사한 일이라 생각한다. '삶'이라는 한 글자 속에 수많은 사연이 공존한다. 기쁨과 슬픔, 성공과 실패, 좌절과 낙망, 그리고 눈물 등등 삶을 살아내면서 인간이 느끼는 희로애락의 감정이 복합적으로 좌지우지하며 우리의 삶을 이끌어간다. 이곳에서 나의 삶을 나누어 누군가에게 닫힌 마음이 열리고, 삶이 회복되고, 살아갈 용기를 갖게 된다면 하나님께 영광이다. 그런 소망을 가지고 하나님께서 허락하신 나의 삶을 나누려고 한다.

　한국에서 의무경찰로 군 생활을 마치고 1989년 2월 말, 부모님 초청으로 미국 알래스카로 이민을 오게 되었다. "처음 이민 올 때 공항에 누가 마중을 나오느냐에 따라 무슨 일Job을 할지가 결정된다"라는 말이 있다. 나 역시 낯설고 물선 도시, 알래스카에서 먼저 이민 온 사람들의 말 한마디가 법처럼 느껴졌다. 당시 작은 매형의 친구가 청소회사를 하고 있어서, 부모님과 매형의 권면대로 영어도 못하는데 아무도 없는 빌딩에서 저녁 청소를 하는 것이 당연하다고 생각했다. 내가 미국에 오기도 전에 매형이 친구에게 부탁해 놓은 청소일을 알래스카에 온 다음 날부터 시작했다.

"무조건 주일에 교회에 가야 이민 생활이 외롭지 않고, 정보도 얻고 도움도 받을 수 있어. 당연히 조국에 대한 향수도 달랠 수 있고."

청소일을 시작하면서 들려온 권면이었다. 이민자들 사이에서는 신앙이 있건 없건 상관없이 교회에 나가는 것이 자연스러운 때였다. 나 역시 그 얘기를 듣고 무작정 교회에 나가기 시작했는데 가족이 다니는 순복음교회에 자연스럽게 나가게 되었다.

2월 말에 왔는데 3월 첫 주부터 나가게 되었으니 미국에 들어오자마자 교회에 다니게 된 것이다. 교회에 나가자마자 성도님들의 대환영을 받았다. 교회 분위기가 희로애락을 같이하는 가족 같은 분위기였다. 이웃사촌들이 모여 대가족이 된 느낌이었다. 하지만 신앙보다 일이 먼저였던 아주 어린 신앙이었기에 주일에 교회 가는 것만으로도 버거웠다. 난생처음 청소를 하다 보니 이민 선배들은 1시간 안에 끝내는 일이 나에게는 4시간을 해도 끝나지 않았다. 앞날이 막막하게 느껴졌다. 당장 내 앞에 닥친 일들이 급급했기에 믿음으로 섬기거나 나누는 일은 생각하지도 못했다. 하지만 교회에서 이런저런 도움을 많이 받았기에 죄송스러운 마음이 컸다. 그렇다고 해도 마음뿐이었지 내가 어찌할 수 있는 일은 없었다.

그 당시, 나는 생존과 치열한 전쟁 중이었다. 영어를 못했기 때문에 배가 고파도 음식을 주문해 먹는 일부터 난관이었다. 청소일을 하는 도중에 배가 고프면 둘 중 하나를 선택해야 했다. 그냥 물을 마시며 참든가, 아니면 가격이 저렴한 맥도날드에 가서 세트 메뉴 중 '넘버 원 앤 콕Number one and Coke'을 주문해야 했다. 직원이 워낙 빠른 영어로 나에게 질문을 해대며 말을 걸었기에, 직원이 무슨 말을 하는지 잘 알아듣지 못했다. 그래서 내가 선택할 수 있는 말은 단 하나였다.

"넘버 원 앤 콕, 플리즈!"

그 말만 하고, 꿀 먹은 벙어리처럼 가만히 서서 음식이 나오기를 기다렸다. 워낙 젊었고 활동량이 많았던 때라 정말 배가 고팠다. 직원이 무슨 말을 하는지 못 알아들어 대답 대신 바보처럼 히죽 웃어 보일 때가 많았지만 직원이 내밀어 주는 세트 메뉴를 들고 자리를 잡고 앉아 먹는 빅맥과 감자튀김과 콜라의 맛은 최고였다.

낯선 거리, 낯선 사람들, 낯선 음식, 그리고 낯선 언어.

나는 철저히 이방인이었다. 위축되고 주눅들 때가 많았지만 나는 생존을 위해 하루하루를 버티고 성장해 나갔다. 특히 언어의 불통이 넘어야 할 가장 큰 산처럼 느껴졌다.

한번은 이런 일이 있었다. 한국 운전 면허증이 있어도 미국 운전 면허증을 다시 따야 했다. 지인의 도움으로 이론 시험은 무사히 통과했지만, 실기(주행) 시험은 말이 통하지 않아서 세 번이나 떨어지는 바람에 얼마나 창피했는지 모른다. 말귀를 못 알아들으니까 고개를 돌려야 할 때 돌리지 않아서 떨어지고, 돌발 상황에서 신호를 켜고 한쪽으로 비켜 차를 세워야 하는데 그냥 그 자리에 차를 세워 떨어지는 등 언어로 인해 난관을 겪어야 했다.

하지만 내 안에는 '깡'이 있었다.

"너희가 한국말 못하는 거나, 내가 영어 못하는 거나 똑같아."

이렇게 생각하니 깡이 생기고 당당해졌다. 눈치껏 알아듣고 보디랭귀지를 동원해 청소일을 하면서 쳇바퀴 돌 듯 일터와 집과 교회를 오갔다. 아무리 아파도 타이레놀이나 애드빌 두 알을 만병통치약으로 여기며 버텼다. 특히 치과 치료는 받을 엄두도 내지 못했다. 병원비가 워낙 비싸서 아플 수도 없는 상황이었다. 이민 생활에는 건강한 몸이 큰 재산이었다. 아프지 않아야 돈을 모을 수 있었다. 아프면 모아놓은 돈을 순식간에 날려 보내야 했다. 어찌 됐든 나는 아파도 '깡'으로 버텨내고 또 버텨냈다.

어려서부터 부모님과 주변 어른들로부터 "어디에 내어놓아도 잘 살 거야!"라는 말을 들으며 자란 나였지만 미국 이민 생활은 녹록지 않았다. 특히 최소한의 자본금도 없는 상태여서 맨땅에 헤딩하듯 일단 많은 일을 하며 돈을 벌어야 하는 상황이었다. 게다가 아직 큰형 가정이 이민을 오지 않은 때여서 많은 일을 감당해야 했다.

아침과 점심에는 한국인이 경영하는 미국 식당에서 배달과 접시 닦는 일을 했고, 집에 와서 잠시 쉬었다가 저녁에는 빌딩 청소를 했다. 주말에는 페인팅, 잔디 깎기, 카펫 청소 등 기름을 만지는 자동차 정비를 빼고 닥치는 대로 일을 했다. 나는 하루라도 빨리 나의 사업을 할 수 있는 종잣돈을 마련하고 싶었다. 그래서 큰형수에게 부탁해 한국에서 계를 들었다. 최소한의 비용을 제하고 나머지는 모두 저금했다. 처음에 미국에 들어올 때는 주머니에 100달러가 있었다. 나는 정말 죽도록 일을 했고, 2년 만에 사업을 할 수 있는 종잣돈 3만 달러를 만들었다.

그렇게 나는 세상의 성공을 꿈꾸었고, 왠지 모를 자신감으로 불타고 있었다.

세상의 성공을 향해 나아가다

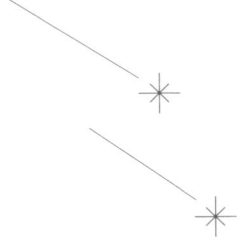

1990년 12월 2일, 한국을 방문했다.

한국에 나와 지인의 소개로 맞선을 보게 됐는데 첫눈에 그녀가 마음에 들었다. 야무지고 생활력이 강해 보이는 그녀였다. 결혼하면 타국인 미국에서 나와 함께 살아야 했기에 나는 단단해 보이는 그녀가 좋았다.

"가진 것은 없어도 되지만 주일에 꼭 교회에 가야 해요."

매일 만나 깊이 있는 대화를 나누던 중에 그녀가 제시한 결혼 조건은 주일에 교회에 가야 한다는 딱 하나의 조건이었다. 지금도 주일마다 교회에 나가고 있으므로 그녀가 제시한 조건은 그다지 어렵지 않아 흔쾌히 승낙했다. 우리는 만난 지 23일 만인 성탄절에 결혼식을 올렸다. 정말 속전속결로 이루어진 결혼이었다. 지금 생각해 보면 인생의 중차대한 결혼을 만난 지 23일 만에 치르는 용기가 어디서 났는지 모르겠다. 그럼에도 지금까지 무탈하게 잘 살아내는 우리 부부를 보면, 하나님께서 정해 주신 짝이었던 것 같다. 이렇게 귀한 인연을 만나게 해주신 하나님의 은혜에 감사드린다.

결혼식을 올린 후, 내가 먼저 미국에 들어갔다. 신혼이지만 다음 만남을 기약하며 우리는 잠시 이별했다. 다음 해 4월, 아내가 미국에 왔다. 큰 기대를 품고 온 아내는 자신이 상상했던 미국과 전혀 다른 알래스카의 초라한 모습에 실망했다. 낯선 도시라고 생각했지만, 그래도 미국이라는 생각에 크고 멋진 도심의 미국을 기대했던 것 같았다. 아내는 실망스러운 마음에 많이 흔들어했다. 하긴 가족들과 친구들과 생이별을 하고, 믿을 구석이라고는 만난 지 23일 만에 남편이 된 나밖에 없으니 아내로서는 불안했으리라. 아내의 마음을 토로하고 수다를 떨 곳이라도 있었다면 덜 힘들었을 텐데…. 내가 최선을 다해 아내의 이야기를 들어주고, 아내의 마음을 토닥여 주기 위해 노력했지만 나 역시 일을 해야 하는 정신없는 상황이어서 아내를 챙겨 줄 시간이 부족했다. 아마 이 시간이 더 지속됐다면 어쩌면 아내는 버티지 못하고 다시 한국에 돌아갔을지도 모르겠다는 생각도 들었다. 하지만 곧 아내의 마음을 잡을 수 있도록 하나님께서는 우리 가정에 새 생명을 잉태하는 축복을 주셨다. 아내는 아이를 잉태하자 새로운 소망이 생긴 듯 기뻐했고, 처음 만난 아내의 모습처럼 다시 단단해졌다. 그런 아내를 보며 나는 안도했다. 그리고 나 역시 마음을 새롭게 했다.

'이제 내가 곧 아빠가 된다. 한 집안의 가장으로 처자식 고생은 시키지 말아야지!'

나는 예전보다 더 열심히 일해야 할 이유가 생겼다.

3만 달러를 모아, 사업자금을 마련한 나는 업무용 밴 한 대로 가정집 카펫 청소 사업을 시작했다. 알래스카에서 처음 시작한 일이 청소였는데 청소하면서 '가정집 카펫 청소를 사업으로 하면 좋겠다'라는 아이디어가 떠올랐다. 다행히 가정집 카펫 청소 사업은 성황을 이루었다.

사업에 자신감이 붙자, 나는 사업을 확장시키기로 마음먹고 알래스카주 정부와 앵커리지시의 빌딩 청소 입찰에 참여했다. 그 당시에는 내가 제일 잘난 줄 알았고, 사업이 커질수록 눈에 뵈는 게 없어졌다. 앵커리지뿐 아니라 알래스카의 크고 작은 도시로 사업을 확장시켜 나갔다. 그런데 빌딩 한두 개는 직접 가서 일하면 되지만 사업이 확장되면서 직원은 물론 사무실과 창고 장비 차량이 필요했다. 청소 자체가 보수 작업이어서 그와 연관된 페인팅, 목수 일과 각종 수리도 했다. 그러자 크고 작은 문제들이 발생하기 시작했다. 밤이나 새벽에 걸려오는 전화는 건물 열쇠를 잃어버렸다든지 사정이 생겨 일을 못 한다는 내용이었고, 아침 일찍 걸려오는 전화는 건물 관리인의 불만이 담긴 항의였다. 스트레스는 계속 쌓였고 위기를 모면하는 거짓말만 늘었다.

한번은 청소 입찰을 놓고 얄팍한 믿음으로 하나님께 서원 기도를 드렸다.

"하나님, 이 청소 계약을 허락해 주시면 감사헌금을 하겠습니다."

앵커리지 시내의 원주민 병원 건축의 최종 청소 입찰이었는데 다른 건물과는 달리 시간당 인건비가 두 배여서 짧은 시간에 큰돈을 벌 기회였고, 결국 그 계약을 따냈다. 그러나 기쁨도 잠시, 일이 순탄하게 진행되는 것 같더니 유난히 까다로은 감사와 임금에 대한 조사 때문에 어려움을 겪고 커다란 손해를 입었다. 그제야 하나님께 서원 기도한 것이 기억나서 뒤늦게 감사 예물을 드렸다.

사업은 날로 번창해 종업원 수가 정규직과 파트 타임을 합하여 60명이나 되었다. 그즈음 출석하던 교회에 새로운 목사님이 오셔서 나에게 교회 활동을 열심히 하라는 권면을 하셨다. 하지만 나는 목사님의 권면을 받아들이지 못했다. 나에게 걸림돌은 술과 담배였다. 사업을 하면서 받는 스트레스를 술과 담배로 풀어냈다. 나는 술과 담배를 끊을 수 있을 것 같지 않았고, 그 걸림돌로 인해 교회에 출석하기가 힘들었다. 나는 아내와 상의했다.

"같은 지역에 있는 다른 순복음교회로 옮기면 어떨까?"

"왜요?"

"그냥. 목사님이랑 나랑 맞지 않는 것 같아서."

당시에는 연약한 신앙이었다. 목사님과 맞지 않는다는 이유로 나는 교회를 옮길 것을 아내와 상의했다.

"교회를 옮기면 열심히 활동할게."

아내는 다른 어떤 상황에서는 내 의견을 따라 주고 믿어 주었지만, 교회 문제만큼은 양보하지 않고 자신의 의지가 강했다. 아내가 유일하게 내민 결혼 조건이었던 "절대 주일에는 교회에 빠지지 않겠다"라는 약속을 살면서 딱 두 번 어겼는데, 그때 나에게로 온갖 물건들이 날아왔다. 나는 우습게도 그런 아내가 무서웠다. 다른 상황에서는 유순한 아내였기에 교회에 가지 않았을 때 호랑이처럼 사납게 변하는 아내를 보면 정말이지 오금이 저렸다. 그 후로 나는 아내와의 약속을 단 한 번도 어기지 않았다.

아내와 상의한 후, 나는 또 덜컥 아내와 약조를 했다. "다른 순복음교회로 가면 열심히 하겠다!"라고. 놀랍게도 그것은 하나님의 계획하심이었다. 세상의 성공을 향해 무한 질주하던 나에게 새로운 인생으로의 전환기를 마련하신 하나님의 계획하심이었다는 것을 훗날에 알게 됐다.

첫사랑이었다

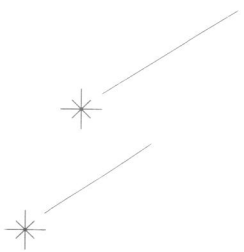

아내는 PTL^{Praise the Lord} Alterations이라는 상호로 옷 수선 가게를 운영했다.

일이 없는 날에는 종종 아내의 가게에 들러 아내 일을 돕곤 했는데, 그때마다 새로 옮긴 '순복음 새 생명 교회' 피터 권 담임 목사님을 자주 만났다. '순복음 새 생명 교회' 피터 권 담임 목사님은 틈만 나면 찾아오셨는데 그때마다 나와 아내는 물론 우리 가족과 사업체의 번창을 위해 뜨겁게 기도해 주셨다. 참 신기할 정도로 자주 찾아오셔서, 성도가 우리밖에 없나 하는 생각이 들 정도였다. 목사님을 자주 뵙다 보니 교제도 자연스럽게 이어졌다. 목사님은 정말 놀라울 정도로 부드럽고 온유한 성품을 갖고 계셨다. 아내와 내가 새로 옮긴 '순복음 새 생명 교회'는 이전 교회보다 열악했다. '순복음 새 생명 교회'는 미국 교회를 빌려 예배를 드리는 작은 교회였다. 하지만 목사님의 섬김과 기도는 내 마음을 열기에 충분했다. 나는 목사님을 신뢰하기 시작했고, 목사님과 신앙에 관한 대화를 많이 나누었다.

"아직도 기도할 줄 몰라요. 그저 감사기도만 합니다."

"괜찮아요. 감사기도가 가장 큰 기도예요."

"아직 술도 마시고 담배도 피워요."

"괜찮아요. 때가 되면 성령님께서 다 끊게 해주실 거예요."

목사님은 나의 모든 고민에 "괜찮아요"라고 부드러운 음성으로 말씀해 주셨다. 목사님의 "괜찮아요!"라는 말은 나에게 마치 하나님의 부드러운 음성처럼 들렸다.

"호용아, 술 마시고 담배 피우면 좀 어떠니? 나를 만나면 그런 것은 믿음으로 다 끊을 수 있단다!"

교회에 다니면서 늘 걸림돌로 작용했던 술과 담배의 문제를 믿음으로 해결 받을 수 있을 것 같은 용기가 생겨났다. 어느새 나는 주일에만 교회에 가던 '선데이 크리스천'에서 수요 예배와 금요 기도회까지 참석하는 '열정 교인'이 되었다. 그것은 놀라운 삶의 변화였다. 그러던 어느 날, 금요 기도회에서 목사님 말씀을 듣고 찬양하고 함께 기도하던 중에, 목사님의 안수 기도를 받았다. 이전에는 내 기도 소리가 다른 신자에게 들릴까 봐 소리 내어 기도하지 못했는데 그날은 그 누구도 의식하지 않고 눈물, 콧물 다 쏟아내며 부르짖으며 기도했다. 곧이어 성령의 터치하심으로 방언 은사를 받았다. 이 기쁨을 무엇으로 표현할 수 있겠는가? 체험한 사람만 아는 기쁨이요, 눈물이요, 감사였다.

그 후 내게 금요 기도회는 사우나에서 땀을 흠뻑 흘린 후 느끼는 개운함보다 더한 개운함을 느끼는 시간이 되었는데, 그 시간은 마치 청소 후에 느끼는 개운함과 닮아 있었다. 나의 죄가 씻기고 나의 묵은 때가 벗겨지는 시간이었다. 나는 그 시간을 간절히 사모했고 만사 제치고 교회로 달려갔다.

"특송하고 싶으신 분?"

목사님의 질문에 자원하는 사람이 아무도 없으면 나는 손을 번쩍 들었고 무조건 앞으로 나가서 찬양을 불렀다. 노래를 못해도 상관없었다. 은혜를 받으니까 감사의 경배와 찬양이 나에게 용기를 내게 했다.

'첫사랑이었다.'

하나님과 첫사랑에 빠진 나는 이제 하나님께 나의 모든 것을 걸기 시작했다. 나의 마음이 주께로 향하는 시간이었으며, 놀라운 기쁨의 감격이 매일같이 넘쳐나는 시간이었다. 무감각하게 바라보던 자연의 풍경이 아름답고 찬란하게 빛나 보였다. 내 볼에 와닿는 바람에도 나는 주님을 느낄 수 있었다. 하늘에 무수히 새겨진 채 반짝거리는 별빛을 바라보며 주님을 찬양했다. 모든 만물을 통해 주를 발견하고 주를 찬양하는 아름다운 시간! 바로 '첫사랑'이었다. 그리고 얼마 되지 않아 내 의지로는 끊을 수 없었던 술과 담배를 더는 찾지 않는 나를 발견했다. 체험해야 알 수 있는 일을 객관적으로 설명하는 것은 쉽지 않다. 하지만 체험한 자들은 고개를 끄덕이는 일이다. 그래서 기독교를 체험 신앙이라고 한다. 나는 주님을 만났고, 주님과 첫사랑에 빠졌으며, 어떻게든 주님과 함께 있을 시간을 만들기 위해 전심을 다 했고, 주님과 함께 있는 시간을 사모했다. 이

후로 나는 새벽 예배에도 어린 아들을 깨워 함께 참석하고, 교회의 모든 행사에 앞장서서 봉사했다. 하루하루, 매 순간순간이 감격이고 기쁨이 넘쳤다. 주님께서 허락하시는 기쁨의 감격은 가정에까지 흘러넘쳤다. 우리 가정은 언제나 기쁨이 넘쳤고, 그 누구보다도 기뻐한 사람은 다름 아닌 아내였다.

주의 종의 길을 가야 하는 것 아닙니까?

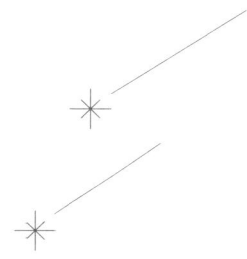

미국 교회를 빌려 주일 오후 예배를 드리던 우리 교회는 예배 30분 전에 키보드와 음향 시설 등 예배에 필요한 장비를 가지고 들어와 설치하고 예배를 드렸는데, 시간이 흘러 성도들이 늘어나면서 미국 교회가 한국 음식 냄새와 교회 시설 사용에 관한 문제를 제기하여 셋방살이의 설움을 겪게 되었다. 그래서 교회 재정이 열악해도 성전을 구입하기로 하고 오랫동안 기도하며 방법을 찾던 중에, 150석의 미국 교회가 새로운 성전으로 이전한다는 것을 알고 그 교회를 찾아갔다.

"처음 노크하는 교회에 건물을 팔라는 하나님의 감동이 있었습니다."

다행히 우리가 그 교회를 처음 노크한 사람들이었다. 이 모든 것이 하나님의 예비하심이라고 생각하니 감동이 되었다. 우리는 하나님의 뜻이라 생각하고 이 교회 건물을 구입하기로 했다. 그 과정에서 성도들의 반대와 떠남이라는 우여곡절도 있었지만 결국 하나님의 허락하심으로 성전을 구매할 수 있었다. 성도 수가 적다 보니 한 사람이 서너 사람 몫을 감당해야 했지만, 다시 시작하는 마음으로 성전에서 초대교회와 같은 기쁨의 교제를 나누었다.

한번은 주일을 준비하려고 토요일 오후에 혼자 교회 청소를 하고 있는데 갑자기 인간적인 생각이 들면서 시험이 찾아왔다.

'왜 나 혼자 교회 청소를 다 해야 하지?'

그동안 감사와 순종으로 목사님의 사역에 동참했는데, 시험에 들자 '목사님이 돈 많은 집사님만 좋아하시는 것 아닌가?' 하는 의심까지 했다. 그 순간 성령께서 내 마음을 만지셨다.

"성전 구석구석보다 더 더러운 것이 바로 네 부정적인 생각과 부정적인 마음이다."

순간 두려운 마음이 엄습했다. 성령께서 친히 내 마음을 만져 주시니 나는 그 음성에 경외함으로 무릎을 꿇어 회개 기도했다.

"주여! 나를 불쌍히 여기소서. 그렇게 부르짖어 기도했던 기도에 응답하시어 귀한 성전도 주시고 그 성전을 청소할 수 있는 건강도 주셨는데, 제가 감사하지 못하고 남과 비교하며 불평불만의 마음을 쏟아냈습니다. 주님, 저는 부족한 죄인입니다. 이제부터 남들이 몰라준다 해도 기쁨으로 주님을 찬양하며 일하겠습니다."

그 후로 나는 아예 생각을 교정했다.

'사업이 번창해서 돈이 많은 집사님은 물질로 쓰임 받고, 젊은 나는 몸으로 쓰임 받는 것이다. 어떻게 사용하시는가는 그릇을 빚으신 토기장이의 마음이다. 토기장이의 뜻대로 쓰임 받는 것이 진

정한 겸손이다.'

그렇게 생각을 교정하고 나니 내 안에서 기쁨과 감사가 흘러넘쳤다. 그저 나를 사용해 주시는 것만으로도 나는 기쁘고 감격스러웠다. 나는 그 감동으로 주님만 찬양하고 경배했다. 나는 주님과 첫사랑에 빠지고 주님께 올인하면서 교회 중심의 삶을 살게 되었다. 결국 사업이 부업이 되고 주의 일이 본업이 되었다. 직장보다 교회에 있는 시간이 더 많아지면서 열심히 하지 않는 리더들의 시기와 질투라는 시험이 다가왔다. 참 힘든 시간이었다. 그때 알래스카의 주도인 주노에 사는 나의 신앙 멘토 작은 누님이 나에게 권면했다.

"호용아! 네 담임 목사님이 너 한 사람을 구원하기 위한 하나님의 계획 때문에 이곳 알래스카에 보내졌다고 생각해 봐라. 얼마나 감사하니?"

나는 그 권면을 마음 판에 새기며 앞으로는 사람이나 환경을 바라보지 않고 물질이 아닌 주님을 의지하며 내게 주어진 자리에서 최선을 다하기로 결단하고 더욱더 열심을 내었다. 그러던 어느 날, 살아계신 하나님의 말씀이 나에게 운동력 있게 찾아왔다.

"나는 그에게 아버지가 되고 그는 내게 아들이 되리니 그가 만일 죄를 범하면 내가 사람의 매와 인생의 채찍으로 징계하려니와"(삼하 7:14).

사람의 매라는 말씀이 나의 마음에 박혔다. 하나님께서는 이 말씀을 통해서 하나님의 뜻을 아주 명쾌하게 깨닫게 하셨다. 나는 점검하기 시작했다. 행여나 나의 열심으로 주님을 섬기지는 않았는지, 또 나의 의로 하나님의 의를 가리지는 않았는지, 행위를 기준으로 사람들을 판단하고 비판하지는 않았는지.

하나님께서는 면도날처럼 날카로운 살아계신 하나님의 말씀으로 운동력 있게 나의 영과 혼과 골수를 쪼개시며 나를 다스리기 시작하셨다. 나는 사람의 매를 통해 나를 더욱더 겸손케 하시고, 나의 모난 부분들을 깎고 다듬어 가시려는 하나님의 역사하심을 깨닫게 되었다.

"윤 집사님, 주의 종의 길을 가야 하는 것 아닙니까?"

눈에 띄게 열심을 내고 변화되어가는 내 모습을 보며 교회 성도들이 하기 시작한 말이었다. 솔직히 나는 그럴 생각이 없었다. 평신도로 열심히 섬기겠다는 마음뿐이었지 주의 종이 되겠다는 꿈을 꾼 적이 없었다. 그러던 어느 날, 한국에 계신 장모님과 작은 누님에게서 전화가 걸려왔다. 놀랍게 다른 공간에 있던 두 분이 꾼 꿈은 똑같았다.

"호용아. 내가 꿈을 꿨는데, 네가 주의 종이 되어 말씀을 전하고 있었어."

"윤 서방. 내가 꿈을 꿨는데, 자네가 주의 종이 되어 말씀을 전하고 있지 뭔가?"

나는 두 사람에게서 걸려온 전화를 받고 두려웠다. 행여나 완악한 내 마음으로 인해 하나님의 뜻을 거역하고 있는 것이 아닌가 하는 두려움이었다. 두 증인의 법칙에 따라, 장모님과 작은 누나의 전화를 받고 난 후 나는 담임 목사님께 상의를 드렸다.

"목사님! 작은 누님과 장모님께서 같은 꿈을 꾸셨는데, 제가 주의 종이 되어 말씀을 전하고 있었다고 합니다. 목사님, 어떻게 하면 좋을까요?"

"으음… 기도해 봐야지요."

목사님은 '내가 주의 종의 길을 가야 하는지'에 대해 하나님께 의뢰하는 중보기도팀을 긴급 결성하셨다. 목사님, 사모님, 그리고 친하게 지내던 집사님과 우리 부부였다. 우리는 40일 특별 새벽 예배를 세 차례나 드렸다. 하지만 나는 아무런 응답을 받지 못했다. 나는 답답한 마음에 100일 작정 특별 새벽 예배를 또 드렸다. 하지만 또 아무런 응답을 받지 못했다. 시간만 속절없이 흐르자, 담임 목사님이 마지막으로 40일 특별 새벽 예배를 한 번 더 드리자고 제안하셨다. 나는 목사님의 제안을 받아들였고, 다시 기도를 드렸다. 그리고 40일 예배 둘째 날, 기도하는 중에 하나님의 응답을 받았다.

"하나님 앞과 살아 있는 자와 죽은 자를 심판하실 그리스도 예수 앞에서 그가 나타나실 것과 그의 나라를 두고 엄히 명하노니 너는 말씀을 전파하라 때를 얻든지 못 얻든지 항상 힘쓰라 범사에 오래 참음과 가르침으로 경책하며 경계하며 권하라"(딤후 4:1-2).

그리고 40일 특별 새벽 예배가 끝난 뒤 담임 목사님과 사모님은 주의 환상을 보았다면서 성도들 앞에서 선포하셨다.

"이제 윤 집사님이 주의 종의 길을 가기로 했으니 함께 기도해 주세요."

담임 목사님의 선포와 성도님들의 사랑으로 나의 신학대 입학은 기정사실이 되었고, 이를 위해 사업과 가정에 정리해야 할 일들이 생겼다.

이번만은 지나가게 하옵소서

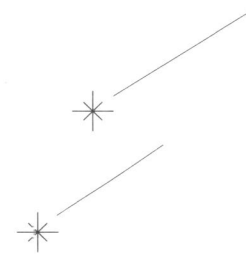

"목사님이 골수암 판정을 받으셨는데 꼭 신학대에 가야 합니까? 그냥 평신도로 섬겨도 되지 않겠습니까?"

담임 목사님께서 몸이 좋지 않아 병원에 갔다가 골수암 판정을 받았다. 목사님은 투병 생활에 집중하셔야 했다. 그때 몇 명의 성도들이 나의 신학 공부를 두고 설왕설래하며 의견들을 쏟아냈다. 나도 고민스럽기는 마찬가지였다. 나는 일단 담임 목사님의 투병 생활을 지켜보면서 신학대에 가는 쪽으로 가닥을 잡았다.

그 후로도 목사님과 믿음의 교제가 계속 이루어졌다. 목사님은 항암 치료를 받으시면서도 강해 설교, 제목 설교, 본문 설교는 이렇게 준비해야 한다면서 설교에 대해 많은 것을 가르쳐 주셨다.

"이번 주 새벽 예배와 금요 기도회를 윤 집사가 맡아 보지."

목사님께서 병환으로 힘들어 설교하실 수 없을 때마다 목사님은 나에게 말씀을 나눌 기회를 주셨다. 목사님은 당신의 병환으로 인해 내가 신학교에 가는 것에 차질이 생긴 것에 대해 미안함을 갖고 계셨다. 집사 직분으로 말씀을 듣고 강대상 위에 선다는 것은 상당히 두려운 일이었지만 그럼에도 나는 순종했다. 하나님께서 준비하신 특별한 계획이라는 생각이 들었다.

또한 목사님은 투병 생활 2년 동안 목사님 대신 주보에 칼럼을 쓸 기회를 주셨다. 지금 글을 쓸 때 거침없이 쓸 수 있는 것도 그때의 훈련 덕분이다. 글을 쓰면서 나는 글의 파급력에 대해 알게 되었다. 그래서 고민 끝에 목사님의 투병 소식을 알리고 중보기도를 요청하기로 했다.

"병은 숨기지 말고 알려야 한다."

나는 결심하고 미주 월간지 〈광야〉에 목사님의 투병 소식을 알리고 SOS 중보기도를 요청했다. 그리고 "이번만은 지나가게 하옵소서"라는 히스기야의 기도 제목으로 글을 썼다.

그때도 생명으로 역사하신 주님
히스기야의 간구를 들으시고
선하게 행한 것을 기억하사
그 수한을 십오 년 더하시고
징조로 일영표 위의 해그림자로
십 도를 물러나게 하신 주님

부활이요 생명이심을 믿게 하신 주님
죽은 나사로로 통분하실 때

이제라도 무엇이든 하실 줄 믿는다는 마르다의 고백에
나흘 만에 풀어놓아 다니게 하신 주님
아버지께서 들으신 것에 감사드리며
마리아와 마르다는 물론 우리로 믿게 하소서!

우리를 불쌍히 여기시며 간구를 들으시는 주님
회당장 야이로의 딸의 병을 두려워 말고 믿기만 하라는
주님의 말씀에 순종하길 원하며
믿지 않는 자들의 비웃음 속에서도
"소녀야 일어나라"라는 달리다굼의 역사를 이루신 주님

지금도 살아서 치료하시는 주님
피터 권 목사님의 육신의 연약함이 강건해지기를!
회개하는 주의 백성들의 간구를 들으사
뜻을 돌이켜 믿음을 더하시며
남은 사명 밝히 보이사 세상 모든 사람이 가는 길을
이번만은 지나가게 하옵소서

어제나 오늘이나 영원토록 역사하시는 주님 말씀에 의지하여
"그대로 되리라" 하신 말씀을 믿고 구하오니
이번만은 그냥 지나가게 하옵소서

나는 간절한 마음을 담아 기도문을 썼다. 생사화복을 주관하시

는 하나님께서 나를 위해 사랑으로 헌신하시고 기도해 주신 목사님을 살려 주셨으면 좋겠다는 간절한 마음을 알아주셨으면 좋겠다고 생각했다. 그 후로 목사님은 하나님의 은혜로 투병 생활을 잘 해내셨고, 내가 생각했던 것보다 더 빨리 신학교의 문이 열렸다.

하나님께서 여시면 닫을 자가 없고

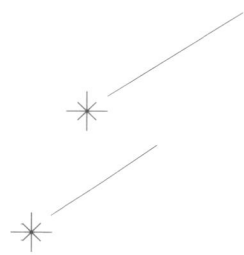

"곧 열면 닫을 사람이 없고 닫으면 열 사람이 없는 그가 이르시되" (계 3:7).

신학교 입학이 피터 권 목사님의 투병으로 잠시 늦어지는 듯했으나 하나님께서 그 길을 여시니 한국에 있는 순복음 영산 신학교 3학년에 편입할 수 있는 길이 열렸다. 신학교 입학 전에는 물질적 여유가 있어서 생활비에 문제가 없었지만 이제 아내 혼자 생계를 꾸려나가야 하는 상황이 되었다. 게다가 아들 둘과 함께 작은 형이 이혼하며 우리 집에 맡긴 조카딸 둘을 함께 키워나가야 하는 상황이 되었다.

"아무 걱정 하지 말고 가요. 하나님께서 책임지시겠지!"

걱정스러워하는 나에게 아내가 담대히 선포했다.

원래 계획은 아내가 PTL Alterations 가게를 계속 운영하면서,

집을 팔아 아파트로 이사해 생활비를 반으로 줄여 4명의 아이를 교육하는 것이었다. 그 모든 과정을 함께하려 했지만, 신학교가 내 생각보다 빨리 열려서 집을 정리할 수 있는 시간적인 여유가 없었다. 결국 나는 아무 도움도 주지 못한 채 아내에게 모든 것을 떠넘기고 한국으로 나가야 했다.

아내는 혼자서 집을 팔고 아파트로 이사해야 했으며, 일하면서 4명의 아이를 돌보아야 했다. 아내에게 무거운 짐을 지워 준 채로 떠나야 하는 것도 미안했고, 아버지가 필요할 가장 중요한 시기에 아버지의 부재를 느껴야 할 아이들에게도 미안했다. 내가 한국으로 공부하러 간다는 것을 알면서도 막상 떠나고 나니 당시 초등학생이었던 아이들은 커다란 상처를 입었다.

하나님의 종으로 살아가야 하는 나의 부르심 때문에 우리 가족들은 커다란 희생을 치러야 했다. 가족들에게 죄스럽고 미안했지만 그럼에도 불구하고 나는 하나님의 뜻을 선택했다. 그렇게 무거운 마음으로 하나님의 종의 길로 첫 발걸음을 떼었다.

한국에 들어와서 나는 안양에 있는 처가에서 지냈다. 내가 강대상 위에서 설교 말씀을 전하는 것을 꿈으로 미리 보셨던 장모님께서는 전심전력으로 나를 섬겨 주셨다. 많고 많은 이들 중에 '하나님의 종으로 부르심'에 대한 메시지를 장모님에게 보여 주신 이유가 한국에서 신학 공부를 하도록 하나님이 계획하셨기 때문이라는 생각이 들었다.

사실, 한국에서 신학을 공부하고 싶었던 이유는 순복음 영성에 대한 갈급함도 있었고, 신학교 동기들과의 관계 형성을 통해 장래 목회 사역의 중보자와 동역자를 구하고 싶어서였다. 그 길이 열리자 앞으로 나를 이끄실 주님의 인도하심이 기대되었다.

순복음 영산 신학교의 첫 학기는 오산리 금식 기도원에서 2박 3일간의 수련회로 시작됐다. 수련회 시간 중에 학과별로 편입생들의 자기소개 시간이 있었다.

"저는 알래스카에서 왔습니다."

알래스카에서 왔다는 나의 첫 소개가 시작되자 다들 신기해하며 나에게 관심을 보였다. 나 또한 처음 기도원에 와서 신학생들의 충만한 모습을 보며 한국으로 나오길 잘했다는 생각이 들었다.

"세 시간 후에 봐요."

동기생 몇 명이 함께 기도굴에 가자고 해서 따라갔는데, 기도굴에 들어가기 전에 "세 시간 후에 봐요!" 하며 각자 자연스럽게 기도굴로 들어갔다.

'세 시간을 기도한다고? 그렇게나 길게?'

제대로 된 기도원 하나 없는 알래스카에서 신앙생활을 하던 나에게 '세 시간' 동안 오직 기도만 한다는 것은 생각보다 쉽지 않은 일이었다. 하지만 이 모든 것이 내가 원하는 바였다. 순복음 영산 신학교에서 내가 배우고 싶고 기대했던 일들이 실제로 펼쳐지고 있었다.

나는 마음을 다잡고 기도굴로 들어갔다. 처음에는 30분도 기도하기 힘들었다. 하지만 옆에 있는 기도굴에서 동기들의 기도 소리가 끊임없이 들렸고, 나는 그들의 끊임없는 기도 소리에 도전받고 열심히 기도했다. 그것은 참으로 힘들지만 행복한 훈련의 시간이었다. 기도굴에서 세 시간 동안 하는 기도가 얼마나 큰 은혜가 예비된 시간이었는지 나는 시간이 흐르면서 깨닫게 되었다. 처음에는 힘들었던 세 시간의 기도가 점점 은혜의 시간으로 바뀌면서 나는 기도의 힘을 점점 더 확장시켜 나갈 수 있었다.

기도는 영적 전쟁에서 싸워나가는 무기다. 기도만이 영적 전쟁에서 싸워 승리할 수 있는 길이다. 나는 세 시간 동안 기도굴에서 다양한 기도의 무기들을 갈고 닦았다. 그 훈련의 시간은 훗날 나의 목회에 정말 큰 도움이 됐다. 목회하면서 힘든 상황과 해결해 나가야 할 사건을 만나면 나는 무조건 기도했다. 기도만이 그 상황을 해결할 수 있는 유일한 통로임을 나는 지난날 기도굴에서 세 시간 기도했던 경험을 통해 깨달았다. 그것은 하나님께서 나를 위해 특별히 예비하신 시간이었고 은혜의 시간이었다.

가족을 알래스카에 두고 온 나는 금쪽같은 시간을 아끼기 위해 미리 정보를 구해서 아버지 학교, 성막 세미나, 영성 세미나, 영풍 부흥사 교육 및 각 교회의 부흥회에 참석했다. 성장하는 교회를 탐방하고, 새 신자 환영회에도 참석했다. 시간을 쪼개어 주일에는 여의도 순복음교회에서 9시 2부 예배를 드리고, 곧바로 북미 캐나다 선교회 중보기도 모임에 참석해 함께 기도하며 사역을 준비했다. 그리고 500권 정도의 책을 섭렵하며 읽었다. 내가 하나님의 부르심에 충성된 종으로 최선을 다하는 것만이 알래스카에 두고 온 가족에게 할 수 있는 최선이라고 생각했다.

여호와 라파,
치유의 하나님을 체험하다

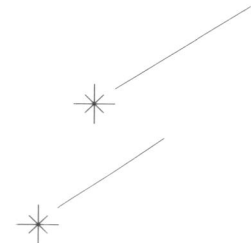

어느 날 안양 처가 근처에 있는 교회에서 부흥회가 열린다는 소식을 듣고 찾아갔다. 나는 부흥에 대한 열망으로 가득했다. 그래서 부흥회가 있다는 말만 들으면 무조건 찾아가 예배했다. 부흥회에 참석해 예배하고 돌아오던 중에 문득 눈에 들어오는 교회가 있었다. 작은 건물 2층에 있는 순복음 사랑 교회(당시 담임 변인옥 전도사)였다. 수요 예배가 있는 줄 알고 수요일에 찾아가 보니 문이 잠겨 있었다.

'수요 예배를 드리지 않는 건가?'

당시 개척 교회들이 부흥에 대한 열망이 넘쳐 월요일부터 수요일까지 교회 부흥(성장) 세미나를 찾아다니던 때였기에 이해하면서도 예배가 없음에 마음이 매우 아팠다.

나는 금요일에 다시 그 교회를 찾아갔다. 다행히 문이 열려 있었다.

"저는 미국 알래스카에서 온 신학생입니다. 함께 예배를 드리고 싶어서 찾아왔습니다."

"어머. 세상에! 기도 응답이네요."

내가 미국 알래스카에서 왔다는 얘기를 듣자마자, 그 교회를 개척한 여전도사님이 기도 응답이라며 나를 무척 반기셨다.

"영어를 잘하는 전도사를 보내 달라고 기도 중이었거든요. 그런데 미국에서 온 신학생이라니, 할렐루야입니다. 난 변인옥 전도사예요."

"아, 네! 저는 윤호용입니다."

그렇게 우리는 인사를 시작으로 대화를 나누었다.

변인옥 전도사님과 대화를 나눈 끝에 주일에는 여의도 순복음교회에 가야 하니 주중에 함께 예배를 드리기로 약속했다. 그렇게 함께 수요 예배와 금요 예배를 드린 지 한 달쯤 뒤에 전도사님으로부터 전화가 왔다.

"같이 식사하시죠?"

우리는 가마솥 솥뚜껑 삼겹살을 먹었다.

"설교해 주세요."

변인옥 전도사님은 삼겹살을 뒤집으며 대뜸 나에게 설교를 해줄 것을 제안했다.

"설교요?"

"네. 어때요?"

"저야 감사하죠. 신학생에게 설교할 기회가 주어진다는 게 얼마나 감사한 일인데요."

"잘됐네요. 주일 오전, 오후, 저녁 예배와 수요 예배, 그리고 금요 예배와 새벽 예배까지 총 열 번이에요. 괜찮죠?"

"네? 정말요?"

나는 변인옥 전도사님의 제안이 믿겨지지 않았다. 가슴이 벅차올랐지만, 그렇다고 바로 결정할 수 있는 문제는 아닌 것 같았다.

"기도해 보고 말씀드려도 될까요?"

"당연하지요."

나는 아내에게 이 사안을 두고 기도를 부탁했다. 그리고 나 역시 집중해서 기도했다.

"열 번은 조금 무리인 것 같아요. 더 깊이 있는 말씀을 선포하려면 준비도 해야 하고, 새벽 기도는 빼면 어때요?"

아내가 조심스럽게 말했다. 나 역시 같은 생각이었다. 나는 하나님 뜻으로 받아들여 새벽 예배를 제외한 모든 설교를 하기로 했다. 막상 설교하기로 결정하고 나니 두렵고 떨렸다. 두렵고 떨린 마음을 털어내기 위해 나는 기도하고 또 기도했다. 기도를 통해 담대한 마음이 들어왔다. 내가 하는 것이 아니라 하나님께서 하실 것이라는 믿음이 들어왔다.

나는 주석과 평소 인터넷에서 듣고 메모해 두었던 요약 설교를 참고해 오직 하나님의 말씀만이 살아 역사한다는 확신으로 담대히 복음을 선포했다. 그렇게 어느새 한 달이라는 시간이 훌쩍 지나갔다. 그리고 처음으로 받은 사례비의 금액을 보고 나는 깜짝 놀랐다. 당시 신학생 교육전도사의 사례비는 50만 원 정도였는데 변인옥 전도사님은 첫 사례비 60만 원에 도서비 30만 원과 식사비 30만 원을 보태 120만 원을 주셨다. 돈의 많고 적음의 문제가 아니라, 하나님께서 열심을 내며 준비했던 나의 충성을 칭찬해 주시는 듯한 기분이 들어 감사하고 감격스러웠다. 그 감사의 마음을 하나님께 다시 돌려드리고 싶었다.

'어차피 물질은 하나님의 것이니 하나님께서 나의 사역 가운데 필요한 모든 것을 넉넉하게 채워 주실 거야.'

그렇게 믿고 첫 사례비부터 10의 2조와 감사, 선교, 건축 헌금을 한 주도 거르지 않고 드렸다. 나는 하나님께서 맡겨 주신 일들을 기쁨으로 감당했다. 그러던 어느 날 하나님께서는 놀라운 치유의 역사를 체험하게 하셨다.

"진찰 결과 자궁에서 혹이 4개나 발견되었어요. 다음 주 월요일에 다시 검사하기로 했는데 기도해 주세요."

근심 걱정이 가득한 얼굴로 K 자매가 나에게 기도를 요청했다. 나는 그 즉시 '여호와 라파'이신 치유의 주님을 붙잡고 선포하며 기도했다.

"기도하면 여호와 라파, 치유의 주님이 역사하실 줄 믿습니다. 우리 함께 간절히 기도합시다."

나는 금요 기도회에 모인 회중에게 중보기도에 동참할 것을 요구했다. 나는 K 자매의 머리에 손을 얹고 간절히 기도했다. 하나님께서 누군가의 고통을 함께 나누게 하시고 중보기도를 할 수 있는 시간과 마음을 허락해 주셔서 너무 감사했다.

"전도사님! 혹이 세 개가 사라졌대요."

월요일에 K 자매가 흥분된 목소리로 나에게 전화를 걸어왔다.

"할렐루야!"

"오늘 병원에 가서 검사를 받았는데, 혹이 세 개가 사라지고 한 개만 남았대요."

경이롭고 기쁜 소식에 나는 먼저 하나님께 감사와 찬양을 올려드리며 기도했다. 그리고 K 자매에게 말했다.

"우리 한 개마저 없애 달라고 기도합시다."

우린 나머지 한 개도 없애 달라고 더욱 간절히 기도했다. 그리고 놀랍게 하나님께서 한 개마저 완전히 치료해 주셨다. 기적적인 치유의 현장에 내가 통로로 쓰일 수 있음에 깊은 감사를 올려드렸다.

기적의 역사는 단 한 번으로 끝나지 않았다. 나이 든 집사님이 입병이 심했는데 기도를 하니 낫는 역사가 있었다. 치유의 역사가 곳곳에서 일어남과 동시에 교회가 성장하기 시작했다.

상상을 초월하는 신앙의 산증인

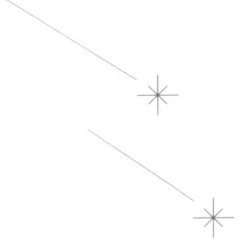

'왜 저분은 예배 중심의 삶을 살고 있는데 사업이 안될까?'

나는 당시 안수 집사였던 변재수 장로님을 보면서 그런 생각을 했다. 그때 변재수 장로님은 인테리어 사업체를 운영하고 계셨는데, 변인옥 전도사님의 남동생이기도 했다. 1년에 두 번씩 나에게 닥스 양복을 맞춰 주기도 하고, 신학생 중에 어려운 사람에게 장학금을 주라며 500만 원을 헌금하시기도 했다.

내가 하나님이라면 변재수 장로 같은 분을 축복하고 또 축복했을 텐데 이상하게 사업이 어려웠다. 나는 안타까운 마음으로 변재수 장로님을 위해 기도했지만 뭔가 하나님은 다른 뜻이 있으셨는지 나의 기도에 응답하지 않으셨다.

신학을 마치고 나는 하나님의 뜻에 따라 미국 알래스카로 돌아와 '은혜와 평강 순복음교회'를 개척했다. 그렇게 잠시 변재수 장로님과 연락이 끊기는가 했는데 오랜만에 전화가 걸려왔다. 근황을 물으니, 그동안 삶 가운데 일어난 놀라운 하나님의 역사를 간증하기 시작했다.

변재수 장로님과 이종례 권사님 부부가 오산리 기도원에 금식기도를 하러 들어갔다가 후배로부터 전화를 받았다.

"형님 뭐하십니까?"

"요즘 사업 그만두고 쉬고 있지."

"그래요? 잘됐네요. 기도원에서 내려오면 한번 만나요."

장로님은 기도원에서 내려오자마자 만난 후배에게서 사업 제안을 받았다.

"경기도 광명시에 '상상 초월'이라는 숯불 돼지갈비 전문점을 열었는데 함께하는 게 어떻겠습니까?"

마땅히 할 일도 없었고, 언제까지 쉬고 있을 수만도 없어서 자신이 사는 빌라에서 융자를 얻어 투자했다. 그런데 문제가 생겼다. 자신처럼 투자해서 동업하게 한 사람이 일곱이나 되었다. 문제는 거기서 끝나지 않았다. 그 큰 돼지갈빗집이 장사가 안되니까 한 사람, 한 사람씩 못 하겠다고 손을 털고 나갔고 결국 장로님 내외분만 남게 되었다.

결국 두 분이 매달릴 곳은 하나님밖에 없었다. 새벽 예배를 드리고 식당 가서 테이블마다 붙들고 기도하며 하나님께 온전히 맡겨 드렸더니 점차 손님들이 늘기 시작했다.

"연기가 많이 난다."

"주차 때문에 못 살겠다."

장사가 잘되니, 이번에는 주변에서 민원을 내며 제동을 걸었다.

"굴뚝을 높게 세워 드릴게요."

"담을 세우겠습니다."

악을 악으로 갚지 않고 할 수 있는 방법을 다 동원해서 겸손하게 대했더니 그렇게 못살게 굴던 사람 중 어떤 사람은 이사 가고 어떤 사람은 단골이 돼서 오히려 돕는 자가 되었다.

장사가 안되면 안되는 대로 걱정, 잘되면 또 잘되어서 만만치 않은 문제를 만난다. 그때마다 장로님 내외분은 기도로 이겨나갔다. 결국 그 집은 광명에서 소문난 대박집이 되었고, 사업장 근처에 아파트도 구입하고 이제는 사업장 건물을 사는 것이 기도 제목이 될 정도로 사업이 승승장구했다. 두 분은 여의도 순복음 소하 교회에서 장로와 권사로 열심히 섬기고 있는데, 정말 아름다운 본을 보이는 분들이다.

그러던 어느 날, 변재수 장로님이 직장암 3기 판정을 받고 삼성병원을 갔는데 의사가 자꾸만 부정적인 말을 하는 것이 마음에 걸렸다.

"먼저 방사선 치료를 해야 하는데 별 효과가 나타나지 않을 수 있습니다."

당사자인 장로님은 마음이 힘들었다. 하지만 이종례 권사님은 믿음의 선포로 대적하는 기도를 했다.

"하나님! 저 의사의 말을 무색하게 해주세요. 하나님의 살아계심을 보여 주세요."

그렇게 계속 기도로 나갔더니 의사가 기적이라고 말할 만큼 방사선 치료를 통해 암 덩어리가 아주 작아졌다. 그 덕분에 수술은 쉽게 끝났고, 수술 후에 의사가 3기에서 바로 0기가 됐다며 축하를 전했다.

그 후에 장로님은 인공항문을 일 년 반 정도 달고 있다가 떼어내고 자기 항문을 쓰기 시작했는데, 일 년 반 동안 항문 사용을 안 해 괄약근에 힘이 없어서 당분간 화장실을 너무 자주 가서 불편하니 기도해 달라고 내게 요청했다.

"하나님, 우리 변 장로님 하루속히 항문이 제 역할을 할 수 있게 해주세요."

항문을 위해 기도하는 모양이 조금 우습기도 했지만 나는 열과 성을 다해 기도했다. 육신의 병마와 싸우며 사업장에서 일하시는 변 장로님 내외분은 정말 믿음과 신앙의 본보기요 산증인이었다. 삶에서 예수 그리스도의 향기를 전하며 살아가는 분들이 바로 변 장로님 내외분이다.

변 장로님의 두 자녀 이름은 성민과 성찬이다. 성민은 하나님의 거룩한 백성이라는 뜻이고, 성찬은 하나님의 거룩함을 찬양하라는 뜻이다. 지난날, 인테리어 사업을 하면서 물질적인 어려움을 겪으면서도 두 분은 기도로 어려움을 이겨내는 모습을 보여 주셨다. 그리고 지금 육신의 연약함을 기도로 올려드리며 날마다 승리하는 모습을 삶에서 나타내 보이신다.

세월이 지난 후, 나는 이제 겨우 깨닫게 되었다.

변재수 장로님이 인테리어 사업을 할 때, 마음의 중심을 지키며 살아가는 그분들에게 왜 하나님께서 그 즉시 응답하지 않으셨는지. 그것은 바로 더 강인한 믿음과 기도의 용사로, 삶에서 예수 그리스도의 향기를 그대로 드러내는 산증인으로 세우시기 위함이었음을!

나는 은혜와 평강 순복음교회 성도님들을 위해 기도했다.

"우리 성도님들의 삶이 주의 종에게 기억되고 어디서든 간증이 되기를 소망합니다. 그리고 성도님들을 향한 나의 기도가 멈춰지지 않기를 예수님의 이름으로 기도합니다. 아멘!"

알래스카로 돌아온 연어

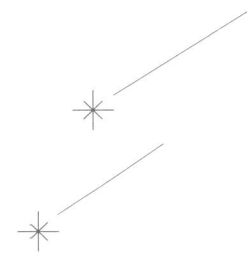

신학교에 들어갈 때는 불덩이로 들어갔다가 졸업할 때는 숯덩이가 되어 나온다는 말이 있다. 신학 서적만 읽으면 머리에는 지식이 쌓이지만 가슴은 식어 버리고, 반대로 경건 서적만 읽으면 가슴은 쉽게 뜨거워지지만 열정은 식어 버리거나 엉뚱한 방향으로 변질되기 쉽기에 책을 읽는 데도 균형이 필요했다.

늦깎이 신학생이 갈 길은 공부를 많이 해야 하는 신학자나 다른 언어와 문화에 적응해야 하는 오지의 선교사가 아니라, 맡겨진 양 무리들을 송이 꿀보다 더 단 말씀으로 양육하는 목회자라는 확신을 가지고 준비했다. 그 시간 동안 파수꾼 같은 동기 동역자들과 친밀한 관계를 맺었으며, 시간과 공간을 초월한 사역의 동역자들을 만날 수 있었다. 이 모든 것이 하나님의 은혜였다.

시간은 정말 빨리 흘러갔다. 졸업을 앞두고 있을 즈음, 변인옥 전도사님이 나를 불렀다.

"개척 자금을 줄 테니, 한국에서 개척해 보지 않을래요?"

그 제안에 나는 솔깃했다. 일단, 늦은 나이에 신학을 공부했던 터라 솔직히 개척하고 싶다는 마음이 컸다. 내 뜻은 그러했지만 일단 주님의 뜻이 궁금했다. 나는 주님의 뜻을 구하기 위해 양평 금식기도원에 들어갔다.

난생처음 21일 장기 금식기도를 했다. 사역을 준비하는 나를 위해 하나님께서 예비하신 시간이었다. 금식기도를 통해 나는 또 다른 은혜를 체험했다. 그것은 먼저 나의 연약함이었다. 솔직히 너무 힘들어서 포기하고 싶었다. 하지만 하나님께서 붙여 주신 믿음의 동역자들과 함께였기에 이겨낼 수 있었다. 동기생들이 함께 금식기도를 했는데, 금식 3일째 되는 날, 7일째 되는 날, 그리고 14일째 되는 날, 포기하고 싶은 마음이 들 때마다 함께하는 동기들이 힘을 주었다. 이 금식 기간을 통해서 나는 육신의 연약함의 한계를 깨달았고, 육신의 한계 앞에서 나의 연약함을 인정해야 했다. 그저 내가 할 수 있는 것은 나의 연약함을 대신하여 십자가를 지신 예수님만 붙잡고 기도하는 것뿐이었다. 그렇게 21일 금식의 기한이 마쳐질 즈음, 하나님께서 내게 응답하셨다.

"너희는 가만히 있어 내가 하나님 됨을 알지어다 내가 뭇 나라 중에서 높임을 받으리라 내가 세계 중에서 높임을 받으리라"(시 46:10).

나는 모든 것을 내려놓고 오직 주님께서 인도하시는 대로 따라가야 함을 알 수 있었다. 이미 대학원 등록을 한 상태였지만, 나는 바로 짐을 정리하고 알래스카로 돌아가야 했다. 그것이 주님의 뜻이었다.

"하나님 응답이라니까 할 말이 없지만, 너무 아쉽네요. 한국에 동역자들도 많고 개척 자금도 마련됐는데, 그냥 한국에서 개척하라고 응답하셨으면 얼마나 좋았을까."

변 전도사님도 아쉬워했고, 믿음의 동기들도 아쉬워했다. 하지만 나는 알 수 있었다. 사람에게 의지하지 말아야 함을! 오직 하나님만 바라봐야 함을! 하나님의 다음 스텝이 무엇인지 기다려야 함을! 그렇게 나는 다시 원점으로 돌이켜 내가 영적으로 거듭난 곳, 그리고 가족이 기다리고 있는 알래스카로 발걸음을 돌이켰다.

알래스카에 도착하고, 문득 내가 알래스카로 돌아가는 연어 같다고 생각했다. 고향을 떠나 더 깊은 바다로 헤엄쳐 간 연어는 더 단단해진 살집과 힘을 갖게 되는 시간을 갖는다. 그리고 새로운 생명을 낳기 위해 다시 고향으로 돌아온다. 연어는 이제 있는 힘을 다해 새 생명을 낳을 것이고, 그리고 죽게 될 것이다. 마치 내가 한국 '순복음 영산 신학교'에 가서 더 깊은 하나님과의 교제를 위해 기도와 말씀과 믿음의 성장을 이루고, 믿음의 동역자들을 통해 더 단단하게 영성을 훈련받은 것처럼! 그리고 이제 나의 영적 고향이었던 알래스카로 돌아와 새 생명을 낳을 교회를 개척해야 하는 것처럼! 연어의 일생과 나의 일생이 너무도 흡사해 보였다.

2005년 2월 신학교를 졸업하고, 4월에 알래스카로 돌아와 교회 개척을 놓고 기도했다. 그리하여 다른 곳이 아닌 앵커리지에서 교회를 개척하기로 했다.

7월 10일에 아내와 어머니, 아들 둘과 함께 집에서 개척 교회를 시작했다. 다른 지역에서 교회 개척은 생각해 보지도 않았다. 어디에서 개척하든 술 마시고 담배 피우던 나의 과거가 알려지면 문제가 될 것이기에 처음에는 욕을 먹더라도 앵커리지에서 시작하기로 했다. 그래야 훗날 "윤호용이 목회하더니 조금 변했네"라는 말을 듣게 될 것이고, 하나님께서 기뻐하실 것 같았다. 또한 보통은 지역명을 교회 이름으로 많이 사용하는데, 사도 바울의 선교 개척 정신을 본받고 싶어서 사도 바울의 서신서를 읽을 때마다 먼저 선포하는 '은혜와 평강'을 교회 이름으로 정했다.

　알래스카에서 남의 것을 흉내 내지 않고, 중복사역을 하지 않고, 하나님께서 내게 주신 것을 가지고 오직 성령 운동하는 교회를 개척하고 싶었다. 가족 공동체가 되어 어른을 공경하고 자녀들을 사랑하며, 나아가 지역 사회에 선한 영향력을 끼치는 교회를 세우고 싶었다. 그렇게 '은혜와 평강 교회'에서 첫 예배가 시작됐다.

chapter 3

부흥의 은혜, 우리의 이야기

나의 첫 설교 제목, '시작은'

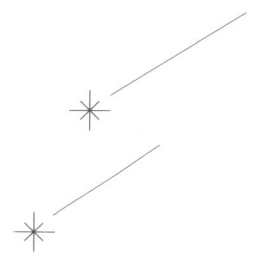

창세기 1장 1절 말씀을 읽고 '시작은'이라는 제목의 첫 설교를 했다.

하나님께서 무에서 유를 창조하신 것처럼 우리의 시작은 미약하고 힘들지만, 말씀 안에 감추어진 보화를 발견하고 캐내어 가져갈 자가 바로 우리라는 사실을 알면 기쁨이 충만할 것입니다. 성부 하나님 사랑의 말씀으로 예배가 회복되고 성자 예수님 구원의 은혜로 지상명령을 감당하며 성령 안에서 삶이 변화되어 회복과 치유, 감사와 간증이 넘쳐나는 교회가 되기를 소망합니다.

우리의 시작은 미약했다. 하지만 나는 믿는다. 하나님께서 머리 되신 교회로, 아름다운 사랑의 공동체로 세워 주실 것을….

"우리 교회는 비록 건물도 작고 성도 수도 적지만 우리 안에 하나님께서 주신 비전이 커서 절대 작지 않습니다."

나는 하나님께서 하실 것이라는 믿음이 커질 때마다 더 담대히 선포했다. 그리고 기존 교회와는 차별화된 교회를 꿈꿨다. 하나님이 기뻐하시는 교회와 더불어 이민자들이 서로 하나 됨으로 교통할 수 있는 초대교회를 본보기로 삼았다.

보통 미국 교회를 빌려 오후에 예배드리는 것이 개척 교회의 현실인데 내 생각은 달랐다. 나는 교회를 매입해서 더는 셋방살이처럼 이리 밀리고 저리 밀리면 안 된다고 생각했다. 교회에 오면 평안하고 기뻐야 하는데, 미국 교회를 빌려 오후에 예배를 드리면 늘 초조한 마음에 예배에 집중하기 어려운 상황이 됐다. '순복음 새 생명 교회'에서 셋방살이처럼 빌려서 드리는 교회의 한계를 맛보아 알았기에, 교회를 개척하면 반드시 교회를 매입해야겠다고 나는 다짐했었다.

나는 교회로 사용하기에 합당한 집이 있는지 발품을 팔았다. 그리고 마침 교회로 사용하기에 적합한 도로변 집이 매물로 나와 있는 것을 발견했다.

"이거다."

내 생각과 달리 아내와 아이들은 폐가와도 같은 그 집이 싫다고 했다. 하지만 나는 단번에 이 집이 하나님께서 우리에게 교회로 허락하신 집임을 알아보았다.

"난 한 바퀴 더 돌면서 보고 올 테니, 기도해 줘!"

난 아내에게 기도를 부탁하고 혼자 땅을 밟으며 기도하기 시작했다. 한참을 기도한 후에 드디어 하나님께서 평안과 담대함을 주셨다. 나는 하나님께서 주시는 담대한 마음으로 전 재산을 투자해 단층짜리 듀플렉스duplex를 매입했다. 잔디밭은 주차장으로 만들고, 방 두 칸짜리 집은 성전으로 꾸미고, 차고를 친교실로 만들었다. 방 세 칸짜리 집은 안방을 제외하고 아들 둘이 쓰는 방은 청년 그룹 Youth Group이, 나머지 방은 교회 사무실(재정, 성가실)로 사용하도록 했다. 이제 집은 교회로 구색을 갖추며 재탄생했다.

성전을 구매했지만 성도는 열 명에 불과했다. 나는 교회 건물 구매비와 생활비를 충당하기 위해 청소회사에 들어가 밤 청소를 하며 목회를 했다. 청소년기의 아들 둘이 사역에 동참해 청소년들이 날마다 집에 모여들었고, 토요일마다 청소년들에게 주일 교회 출석 여부를 물었다. 가끔은 상담하러 온 성도님들과 자정까지 대화를 나누었고, 대화가 끝나면 다시 밤 청소를 하고 새벽 예배 때 돌아오고는 했다. 몸은 피곤했지만 마음은 기뻤다.

교회를 개척한 뒤 이웃 교회 목사님이 "요즈음 어떻게 지내?"라고 물으면, 나는 항상 "예~ 기뻐요"라고 대답했다. 사업을 접고 목회의 길에 들어선 뒤 항상 내 신앙을 점검하며 기도했다. 주님의 일이 기뻐서 목회를 시작했는데 기쁨을 잃었다면 초심을 잃은 것이다. 오직 기도로 우리를 향하신 하나님의 뜻인 '기뻐하라, 감사하라'라는 말씀을 이룰 수 있었다.

나는 고민했다.

'어떻게 하면 교회에 자주 모이게 만들 수 있을까?'

교회에 자주 모이게 만들려면 일단, 교회가 쾌적하고 재밌는 곳이어야 한다. 그리고 부모와 자녀들이 함께 머물러도 부딪침이 없이 친근한 공간이어야 한다. 고민 끝에 나는 일단 자녀들을 공략하기로 했다. 아이들은 예배가 재미없게 느껴질 것이다. 그러면 자연스럽게 교회는 재미없는 공간이라는 인식이 자리 잡을 것이다. 그 통념을 깨줘야 했다.

나는 일단, 아이들이 좋아할 수 있는 분위기를 만들기 위해 고심했다. 고민 끝에 친교실에 컴퓨터 3대를 설치하고 대학교 도서관과 같은 빠른 속도의 인터넷을 연결했다. 예배가 끝나면 빨리 집에 가고 싶은 자녀들의 발길을 교회에 머물도록 하기 위해 교회에서 함께 놀 수 있게 해주었다. 아이들이 모여서 컴퓨터로 게임을 하는 동안, 부모들은 마음껏 오후 예배를 드리고 저녁 식사까지 할 수 있는 분위기를 만들었다. 꽤 괜찮은 전략이었는지, 교인들이 교회에 머물러 있는 시간이 많아졌다.

개척 때부터 주간 한인 지역 신문과 교차로와 1년 광고 계약을 하고 칼럼과 교회 행사와 활동사진을 싣는 등 교회 소식을 지역 주민들에게 알렸다. 그러자 성도님들이 한 명씩 구경 삼아 오기 시작했다.

목회 초년생 때는 주일에 교회에 나오지 않는 성도들 때문에 목이 길어 슬픈 사슴이 아니라 슬픈 목회자가 되어 목이 빠져라 출입구만 바라보기도 했다. 예배에 나온 성도들에게 감정적인 언어를 사용해 "여러분이 잘해야 교회가 부흥합니다" 외치기도 했다.

그때 하나님께서 큰 깨달음을 주셨다. 예배는 하나님께 드리는 것이지 사람에게 드리는 것이 아닌데, 설교자인 내가 하나님께 드리는 예배에 나온 성도들에게 하나님의 말씀으로 위로하고 권면하지 못한 것을 회개했다. 앞으로는 출석한 성도들과 기쁨의 예배를 드리고 나서 출석하지 못한 성도들을 걱정하자는 마음으로 사역을 펼쳐 나가기로 결단했다. 그리고 1년 만에 30명의 성도가 함께 예배를 드리게 되었다.

윤호용이가 사업한다?

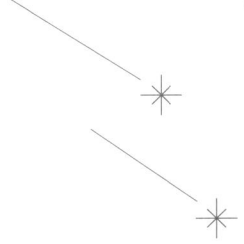

사실 나는 설교 중에 성도들을 웃길 줄도 모르고 유머 예화를 사용할 줄도 모른다. 우스운 이야기를 하면 썰렁 그 자체가 되었다. 그래서 성경에 나오는 예화 외에는 다른 예화를 인용하지 않았다. 그러던 어느 날 한 성도님이 사랑의 권면을 해주셨다.

"목사님! 강대상에서는 마사지하지 마시고 그냥 메시지만 전하세요. 마사지는 강대상에서 내려와 교제할 때 해주세요."

그 권면을 통해 강대상에서는 오직 하나님의 말씀만 담대히 선포해야 한다는 것을 깨달았다. 하지만 사랑의 권면만 해주시는 성도들만 있는 것은 아니었다.

"호랑이 없는 굴에 토끼가 왕 노릇 한다"라는 속담대로 개척 교회 목회자를 가르치고 싶어 하는 토끼 같은 성도들이 있었다. "개척 교회는 이렇게 하고 저렇게 하는 겁니다"라는 훈계를 내가 받아들이지 않자 절반의 성도들이 교회를 떠났고 소문만 무성해졌다.

'윤호용이가 사업한다.'

이런 소문까지 내 귀에 솔솔 들려왔다. 나는 이런 상황에서 도망치면 안 된다고 생각했다. 어차피 교회는 내 것이 아니다. 교회는 하나님의 것이다. 나는 그들에게 굴하지 않고 그들의 말에 맞장구를 쳤다.

"맞습니다. 예전에는 세상 사업을 했고요. 이제는 영혼 구령 사업을 합니다."

그러는 동안 이전에는 시도해 보지 못한 청년 사역으로의 전환이 자연스럽게 이루어지기 시작했다. 이것을 계기로 나는 다시 한 번 확신할 수 있었다. 어떤 상황에서든 하나님께서 함께하시고 일하고 계심을….

알래스카의 겨울은 유난히 길고 어두우며 눈이 많이 온다. 그 겨울 동안 시간은 많은데 돈은 없고 운동량은 왕성한 청년들이 갈 곳이 마땅치가 않다. 그런 청년들이 모여서 스포츠를 즐기곤 하는데 앵커리지 지역에서 가장 활성화된 겨울 스포츠는 실내 축구다. 각 교회와 단체들이 팀을 만들어 실내 축구에 참가했다. 그러던 어느 날, 어디에도 소속되지 않고 축구를 좋아하는 청년들이 은혜와 평강 순복음교회를 찾아왔다.

"은혜와 평강 순복음교회로 우리가 출전할 테니 후원해 주세요."

10월에 시작해 6개월 동안 매주 금요일 저녁에 하는 겨울 리그 참가비는 2,000달러였다. 개척 교회인데다 내가 일하면서 교회 건물 비용을 감당하던 때여서 결단하기가 쉽지 않았다. 하지만 '전도는 투자에 비례한다. 투자한 만큼, 준비된 만큼이다. 분명한 목적이 있으면 하나님께서 이루신다'라는 믿음으로 나는 청년들에게 투자하기로 결심했다.

"좋아. 후원해 줄게. 대신 딱 한 가지 조건이 있어."

"뭔데요?"

조건이 있다는 말에 아이들이 긴장한 얼굴로 나를 경계하듯 바라보았다.

"경기를 시작할 때와 끝날 때, 경기장에서 기도하기."

"좋아요."

그 정도쯤이야 충분히 할 수 있다는 듯 아이들의 긴장했던 얼굴이 환해졌다. 내가 내건 단 한 가지 조건을 아이들이 수용하면서 우리는 협상에 성공했다. 일단 교회 재정이 넉넉지 않아서 내 개인 신용카드로 후원했다. 무리수를 두는 투자였지만 나는 기꺼이 투자했다. 믿은 부모 세대로부터 상처받은 자녀 세대 청년들이 대부분이었다. 그 아이들에게 '교회는 좋은 곳'이라는 이미지를 회복시켜 주고 싶었다.

매주 금요 기도회가 끝나면 몇몇 뜻있는 성도님들과 함께 아이스박스에 물을 준비해 경기장에 가서 선수들의 안전과 팀워크와 승리를 위해 기도하고 응원한 다음 경기가 끝나면 감사기도를 했다. 그리고 청년들을 교회로 데려와 삼겹살 파티 등의 친교를 하며 6개월을 보냈다. 처음에는 성도님들이 전부 준비했지만, 점점 젊은이들이 함께 친교를 준비하게 되었다.

가끔 교회에 나오라고 권유하면 "공은 차도 교회는 안 나올래요"라는 대답이 돌아왔다. 살짝 실망하는 마음도 들었지만 '한 영혼이 주님께 돌아온다면 무엇이든 하겠다'라는 마음으로 다음 해에는 은혜 팀과 평강 팀, 두 팀으로 만들어 4,000달러를 후원했다. 그 결과 청년들 사이에 '저 교회는 정말 좋은 교회'라는 인식이 심어졌고 더 많은 청년이 함께하길 원했다.

"공은 차도 교회는 안 나올래요"라고 말하던 청년은 한 해를 넘기고 다시 연말이 되어 강권하니 송구영신 예배 때 나오겠다고 약속했다. 하지만 송구영신 예배를 드릴 시간이 다 됐는데도 오지를 않아 전화했더니, 술 마시고 노래방에 있어서 갈 수 없다는 거였다. 그래도 괜찮다고 그냥 오라고 했더니 그 친구가 정말 교회에 왔다. 얼마나 기쁘고 감사한지 하나님께 영광을 올려드렸다.

훗날 들은 이야기지만, 그 청년은 자신이 술을 마셨다고 하면 다음에 오라고 할 줄 알았는데 목사님이 괜찮다고 그냥 오라고 말한 데다가, 평소에 공을 차고 음식을 먹을 때는 왔지만 예배는 처음이라 성도들의 반응이 궁금했는데 모두가 반갑게 맞이하는 것을 보며 '사랑받는 느낌'을 가졌다고 한다. 그 이후 자발적으로 주일에 교회에 오는 청년들도 하나둘씩 생겨났다. 이 모든 것들이 감격스러워 나는 하나님께 감사와 찬양을 올려드렸다

우리의 이야기

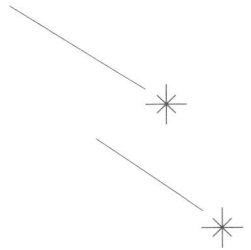

어느 한 작은 교회가 있었습니다. 그곳에는 작고 연약했지만 큰 꿈이 있었습니다. 바로 청년이었습니다. 세상에서 방황하고 있는 청년들을 교회는 주님의 사랑으로 끌어안아 주었습니다. 그것이 기쁨이었고 꿈이었기 때문입니다. 여러 모양으로 살아가던 그들은 사랑 안에서 변화되고 있었습니다. 처음에는 어색했고 세상과 더 친했던 그들이 자신도 알지 못하는 사이에 변화되고 있었습니다. 교회 안에서 울고 웃는 시간 속에서 세상의 즐거움보다 더 소중한 것이 무엇인지 알게 되었습니다. 그리고 음악이라는 테두리 안에서 자연스럽게 하나님이 그들을 얼마나 사랑하시는지 깨닫게 되었습니다. 가진 것 하나 없는 그들이지만 그들에게는 열정과 젊음이 있었고, 그들을 믿어 주는 교회가 있었습니다. 변화되어가는 청년들을 위해 소중한 악기들을 마련해 주셨고, 그렇게 소중하게 얻은 기타와 드럼, 피아노를 가지고 다 함께 하나님을 찬양하기 시작했습니다. 청년들은 함께함이 즐거워 이 즐거움을 다른 이들에게 알려야겠다고 마음먹었습니다. 아무도 관심 가져 주지 않던 아이들을 따듯하게 안아 준 교회의 사랑을 알리겠습니다. 이제는 우리가 우리의 사랑으로 교회를 안겠습니다. 아직은 보잘것없지만 함께하고자 하는 그 마음이 있었기에 오늘 이 자리에 올 수 있었습니다. 감사합니다. 이 자리에 설 수 있게 해 주셔서. 지켜봐 주십시오. 사랑으로 하나 된 우리를. 우리에게는 교회가 있고, 교회에게는 우리가 있고, 우리를 너무도 사랑하시는 하나님이 함께 계십니다.

제1회 '청년들은 환상을 보며' 콘서트 순서지에 실린 청년들의 고백이 담긴 글이다. 이 글을 읽으며 나는 지난날을 떠올렸다. 그러자 어떤 뭉클한 것이 가슴 깊숙한 곳에서 올라오는 것을 느꼈다.

'정말 변하는구나! 내가 주님을 만나 변했듯이, 우리 아이들도 주님을 만나고, 주님의 사랑을 알고 나니 변하는구나!'

교회 개척 3년 만에 맞이한 변화들이었다.

청년 중에 믿는 친구들이 있었는데, 교회의 상황을 잘 알기에 이제는 그들이 솔선수범했다. 그들은 다음 해 겨울 리그 경비를 마련하기 위해 손수 세차, 잔디 깎기, 이삿짐 운반 등의 일을 하며 돈을 모았다. 하나님을 믿고 교회의 사랑을 받은 아이들의 변화는 그대로 교회 동생들인 청소년들에게로 흘러 들어갔다. 그들은 자원해서 청소년들을 돌보기 시작했다. 학교 수업이 끝난 청소년들을 픽업해서 도서관에 데려다주기도 하고, 함께 놀아 주고, 공부를 가르쳐 주는 방과후 교실과 기타, 드럼, 키보드 등을 가르치는 음악 교실과 탁구 교실을 만들었다. 그로 인해 주중에도 늘 젊은이들이 교회를 찾아왔다. 음악 교실과 탁구 교실은 너무 자연스럽게 만들어졌다.

금요일 저녁 축구를 하고 교회에 와서 식사하는 것이 코스가 되었고, 식사가 끝나도 청년들은 집에 가지 않고 교회에 남아 자기들끼리 놀았다. 교회 공간이 작아 외벽에 비닐 천막을 치고 공간을 만들어 탁구대를 놓았더니 그 추위에도 탁구를 하고 응원을 하며 즐거워했다. 시간이 흐를수록 응원을 하던 자매들은 키보드를 가지고 찬양을 하는 등 더 많은 시간을 교회에서 보냈다.

"드럼 하나 사 주었으면."

"기타 하나만 사 주었으면."

그들의 바람을 이야기했고, 그 소망은 하나둘 이루어지기 시작했다. 아이들은 이제 하나님과 직접적으로 대면하고 찬양하고 하나님을 알아가는 시간을 갖게 되었다. 그러던 어느 날 아이들이 말했다.

"알래스카 교민들과 함께 몸과 마음의 추위를 녹이는 시간을 갖고 싶어요. 연말에 앵커리지 주립 대학 UAA 아트빌딩 콘서트홀을 빌려서 작은 콘서트를 열면 안 될까요?"

안될 리가 있나? 나는 자원해서 콘서트를 하겠다는 그들의 마음이 기특하고 어여뻐서 흔쾌히 적극 지원하겠다고 나섰다. 개척 3년 차의 재정적 어려움이 있었지만, 악기를 구입하고, 그때그때 아이들이 필요로 하는 것들을 더 적극적으로 후원했다.

그들이 준비한 것은 '작은 교회 이야기'였다. 나의 후원과 응원이 적게나마 힘이 됐는지 청년들은 더 적극적으로 움직이고 준비했다. 10월부터 서로 시간을 맞춰 교회에 모여 연습하며 각자의 달란트대로 현수막과 순서지를 준비하고 홍보를 시작했다.

2008년 12월 20일 저녁, '청년들은 환상을 보며'(행 2:17)라는 주제로 공연이 시작됐다. 청년들은 열심히 준비한 모든 것들을 펼쳐 보였다. 지역 인사들과 많은 교민이 함께 참석해서 그 자리를 빛내 주었다.

> "사람이 마음으로 자기의 길을 계획할지라도 그의 걸음을 인도하시는 이는 여호와시니라"(잠 16:9).

계획이 어디에 있었든지 그 걸음을 인도하시는 이는 하나님이심을 체험케 하는 시간이었다. 청년들이 선한 뜻을 가지고 찬양을 통해 일하시는 하나님을 만날 수 있기를 사모하는 마음으로 시작한 콘서트가 기대 이상의 호응을 얻었다.

청년들은 기대 이상의 호응에 마음이 들떴고, 들뜬 마음과 함께 콘서트가 끝난 후 노래방으로 뒤풀이를 갔다. 나는 노래방으로 뒤풀이를 갔다는 말에 그만 웃음을 터트렸다. 콘서트를 하며 목이 터져라 찬양을 부른 다음 또 노래방으로 간 그 열정에 감탄사가 절로 나왔다. 그것은 단순히 찬양의 곡조를 부르다가 세상 노래를 부르러 가는 문제를 뛰어넘어 아이들의 에너지에 감탄한 것이다. 그런데 나 대신, 하나님께서 그 문제를 터치하고 들어오셨다. 하나님을 찬양하는 그들을 기뻐하셨던 하나님께서 그들에게 세상 노래를 허락하고 싶지 않으셨던 것 같다. 나는 입술을 전혀 대지 않았는데 정말 이상한 일이 벌어졌다.

"저 친구, 은혜와 평강 순복음교회 나가는 친구 아니야?"

이런 말이 그들을 따라붙기 시작한 것이다. 콘서트를 하기 전에는 어디를 가든 거리낌 없이 술, 담배를 했는데 콘서트를 하고 자신들을 알아보는 사람들이 생기자, 청년들은 이제 사람들을 의식하기 시작했다. 그러다 보니 자연스럽게 술, 담배와 멀어지고 끊어지는 역사가 일어났다.

그들을 보며 나는 나의 청년 시절을 떠올렸다. 나도 한때는 술을 마시고 담배를 피웠던 사람이다. 그래서 교회에 나가기가 껄끄러웠던 시절도 있었다. 하지만 '순복음 새 생명 교회' 피터권 목사님은 술과 담배 피우는 행위보다 내 영혼을 긍휼히 여기셔서 그 행위를 수용해 주고 나를 교회 안으로 더 깊이 끌어들이셨다. 나의 연약함을 느긋하게 지켜봐 주며 기다려 주었던 목사님과 교회가 있었기에 나는 교회 일에 열심을 낼 수 있었다. 그리고 성령님을 인격적으로 만나, 술과 담배까지 끊게 되는 역사가 일어났다.

지금 청년들도 마찬가지 아닌가? 술에 취했어도 송구영신 예배에 초대받은 한 청년이 이제 변화되어 술과 담배를 끊고 하나님을 사랑하고 하나님을 찬양하는 예배자로 세워지지 않았는가? 도저히 인간의 힘으로는 안 되는 주님의 역사로만 가능한 일이었다.

늦깎이 목사가 할 수 있는 것이라고는 주 안에서 모든 일을 할 수 있다는 자신감과 품고 또 품는 사랑의 작은 실천뿐이었다. 남들보다 많이 배우기를 했나, 특별한 은사가 있기를 한가, 그 어느 것 하나 내세울 것 없었던 나는 "내가 못 하는 것은 하나님이 동역자를 붙여 주셔서 감당케 하실 거야"라는 믿음이 있었다. 특히 찬양이 그러했다. 음치, 박치를 넘어 눈치, 코치 없는 것도 감사하며, 잘하지 못해도 끝까지 한다는 자신감으로 찬양했다.

"혹시 알아? 누군가는 노래 못하는 목사의 찬양을 보며 자신감을 얻게 될지?"

내 마음을 아시는 하나님께서 청년들에게 찬양으로 기도를 드리게 하셨고, 찬양 가사로 성경 말씀을 깨닫게 하셔서 찬양 속에 거하시는 하나님을 만나게 하셨으며, 회개의 역사가 있게 하셨고, 기쁨과 감사의 눈물을 흘리게 하셨다.

2008년 12월 20일에 개최했던 청년들의 작은 콘서트 '청년들은 환상을 보며'(행 2:17)는 제1회로 끝날 줄 알았는데 아니었다. 그 다음 해에는 청소년들과 성인들도 팀을 만들어 '네 행복을 위하여'(신 10:13)라는 주제로 제2회 콘서트가 12월 12일 앵커리지 주립 대학 UAA 아트 빌딩 콘서트홀에서 열렸다. 1부, 2부, 3부로 나누어 청소년, 청년뿐 아니라 성인, 모두의 가족을 위한 공연이 펼쳐졌다. 이웃 교회 성도이자 25대 한인회장이 된 손석근 장로님이 청년들에게 아주 특별한 인사말을 다음과 같이 전했다.

> 성령의 권능을 받으면 행동하게 됩니다. 그래서 권능을 받은 사도들의 이야기를 사도행전이라고 합니다. 거기에는 행동과 실천이 있었기에 열매가 있었습니다. 2002년 4월 월드컵 50일을 앞두고 한 기자가 한국 대표팀 16강 진출 가능성에 대해 질문하자, 히딩크 감독

은 "16강 진출의 가능성은 반반입니다. 그러나 하루에 1퍼센트씩 그 가능성을 높여가겠습니다. 지금이 50%니까 매일 1퍼센트씩 높여서 100%가 되게 하겠습니다"라고 대답했다고 합니다. 그는 행동가였고 실천가였습니다. 결국 한국 축구 대표팀은 4강의 신화를 창조했습니다. 은혜와 평강의 젊은이들이여! 그대들은 바로 하늘나라 대표팀, 신 사도행전을 쓰는 크리스천 용사들입니다. 하나님은 그대들을 통해 이 앵커리지 땅에 찬양과 복음의 씨앗을 뿌리고 열매 맺기를 원하십니다. 하루아침에 열매를 맺을 수는 없습니다. 하지만 성령님이 그대들을 이끄시어 한 해 한 해 새롭게 예수 그리스도의 역사를 쓰실 것입니다. 성령님은 행동의 영이시고, 실천의 영이십니다. 열매를 위해 은혜와 평강의 젊은이들이여 일어나십시오! 성령님과 함께 전진하십시오!

이후 놀라운 일들이 펼쳐졌다.

앵커리지에서 차로 8시간 떨어진 페어뱅크스Fairbanks에서 한인회와 4개 한인교회 연합 콘서트를 하는데 우리 교회가 초청을 받았다. 겨울철에 15인승 밴 2대와 각종 악기와 장비를 실은 트럭을 운전한다는 것이 결코 쉬운 일은 아니었지만 찬양하겠다는 청년들과 찬양하게 하시는 성령님의 도움으로 달려갔다.

청년들의 영어 찬양을 통해 한인뿐 아니라 모든 열방이 함께 성령의 춤을 추는 놀라운 역사가 일어났다. 특히 청소년, 청년, 성인팀이 함께 〈오직 예수One Way〉를 찬양하며 춤을 추었다.

주님은 길과 진리 생명
나 오직 믿음으로 살리
주만 위해 살리
오직 예수
주님만이 나의 삶의 이유

우리는 하나의 목소리, 하나의 마음으로 하나님을 찬양하며 예배했다.

성령께서 우리의 가슴에 뜨거운 마음을 부어 주셨고 우리는 '하나 됨'으로 나아갈 수 있었다. 그렇게 하나님과 새롭게 시작된 우리의 이야기는 아름답게 써지고 있었다.

나는 행복한 목회자

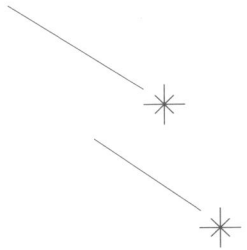

2010년에는 '효가 살아야 교회가 산다'라는 목표 아래 어른을 공경하고 자녀를 말씀으로 양육하는 가족 공동체를 꿈꾸고, 5월 어버이 주일에 지역 공동체와 함께 효도 잔치를 벌였다. 앵커리지 중심가의 루삭 도서관Lusak Library 공연장을 빌려, 여선교회에서 음식을 준비하고, 남선교회에서 홍보와 진행을 맡고, 교회에서는 선물을 준비하고, 성인 찬양팀이 노래자랑을 했는데, 한인회에서는 너무 좋다면서 다음부터 한인회 주관으로 행사를 하겠다고 했다.

물질이 없어도 함께하는 공동체가 하고자 하는 일은 모두 해보았고, 무슨 행사를 하든지 예비하신 은혜가 넘쳐서 그저 감사했다. 영적, 물질적 힘을 예비하시고 공급해 주시는 주님의 은혜에 함께하는 모두가 예수님을 닮아가는 예닮 공동체요, 예수님을 찬양하는 예찬 공동체였다.

콘서트가 자리를 잡아 2010년 11월 20일에는 제3회 '선하고 아름다운 이야기 행전'(시 133:1), 2011년 12월 17일에는 제4회 '이 수년 내에 부흥케 하소서'(합 3:2), 2012년 12월 22일에는 제5회 '다 그와 함께 기뻐하고 즐거워하라'(사 66:10) 콘서트를 했고, 2013년 12월 21일에는 러시아 교회 및 사모아 교회와 연합해 제6회 '십자가의 도'(고전 1:18)라는 주제의 콘서트를 개최했다. 통일 찬송가 405장(새찬송가 305장) 〈나 같은 죄인 살리신Amazing Grace〉을 한국말과 영어로 부르며 하나님의 능력을 체험하고 주 안에서 사랑으로 성령으로 하나 되는 시간을 가졌다.

지진이 발생한 네팔에 도움을 주고자 2016년 2월 6일에는 티셔츠를 준비하고 제7회 '네팔 선교를 위한 연합 콘서트'(고후 5:9)를 미국 교회를 빌려서 개최했는데 그 누군가 예비하신 영혼이 있어 위로받게 하시고, 회복되게 하시며, 은혜를 부어 주시는 것을 몸 된 교회 지체들이 점점 더 많이 체험하게 되었다.

이런 모든 행사는 이름도 없이 빛도 없이 뒤에서 후원하는 손길들이 있었기에 가능했다. 교회의 미래라는 마음으로 청소년과 청년들을 위해 작은 사업장에서 하루 14시간씩 일하며 힘들게 번 돈을 기쁨으로, 무명으로 드렸기에 가능했다.

특별히 앵커리지에서 육로도 없이 비행기로 2시간 거리에 있는 알래스카의 최북단 베로Barrow에서 식당을 운영하시는 백필현, 백혜순 권사 가정과 차로 8시간 거리에 있는 페어뱅크스에서 40여 년을 살면서 한인회를 섬기신 장성채, 정효영 한인회장 가정, 그리고 브리스길라와 아굴라처럼 내 사역에 조건 없는 지원과 헌신을 아끼지 않은 형님, 윤요한 장로와 윤숙자 권사 가정, 개척 때부터 지금까지 함께하며 눈물의 기도와 섬김의 자리를 지켜온 김복선 권사님과 청년들과 눈높이를 맞춰 함께 뒹굴며 이끌어 준 민경수 안수집사, 민정아 권사 가정, 언제나 친구처럼 함께하며 필요한 언어를 공급해 준 Bob Parson 안수 집사, 이춘자 권사, 그리고 젊은 평신도 사역자들(한영아, 한이슬, 김유리, 윤수정)의 헌신이 있었다. 그리고 시애틀에서 언제나 기도와 섬김으로 응원하시는 김용자 목사님(생수의 강 선교회)과 한국에 갈 때마다 공항에서 픽업하는 것은 자기 몫이라고 하는 김용희, 김혜경 집사님, 또 신학교 시절부터 기도의 파수꾼 사명을 감당하는 최승란 목사님(벧엘 순복음교회)과 세미한 교회를 담임하는 김태라 목사님, 한효영 집사님, 그리고 차로 3시간 거리인 솔닷나Soldotna에서 식당을 운영하는 김주영 형제를 비롯해, 지역의 크고 작은 사업장을 운영하시는 분들과 청소년 사역에 관심이 있는 분들의 섬김이 있었기에 가능한 일이었다.

사도 바울이 로마서 16장에서 자신의 동역자였던 사람들에게 감사와 문안 인사를 나누었던 것처럼 나에게도 오직 주님의 뜻 가운데서 자신의 모든 것을 내어드린 채 합력하여 선을 이루게 하신 동역자분들이 수없이 많다.

이 모든 것이 하나님의 은혜였다. 이 은혜가 있었기에 은혜와 평강 순복음교회의 사도행전은 지속될 수 있었고, 날이 갈수록 하나님의 사랑과 은혜의 충만함을 누릴 수 있었다. 나는 정말 행복한 목회자다.

정말 내가 행복한 목회자라는 나의 감정을 있는 그대로 절절하게 쓴 글이 있어서 그대로 옮겨 보려 한다. 이 글은 2009년 12월 12

일 토요일 UAA 아트 빌딩 콘서트홀을 빌려 '네 행복을 위하여'를 공연하면서 했던 나의 고백이다.

세상에 이런 교회도 있어요.
뭔가 특출나게 내세울 것이 하나도 없는 목회자!
많이 배우길 했나? 영어를 잘하길 하나? 은사나 달란트가 뭐냐고 하면 뭘 말하려나? 그렇다고 성격이 좋은 것도 아닌 목회자가 자기의 제2의 고향이라 많은 나쁜 소문을 다 들은 성도들의 마음씨가 착하기를 바라는 것 같아요.
그런데 그 못난 목회자가 일은 되게 잘 저질러요. 이건 군대도 아니고 젊은이들한테 믿어 준다고 말하며 궂은일은 다 시키며 지나온 날들이 감사하다고 말하니 말이 되나요? 자기는 젊었을 때 제대로 믿지도 않아서 할 말이 많이 없대요. 세상 짓도 많이 해본 솜씨고요. 처음에는 자기 스스로 목회자인 게 어색한지 이상하게 행동했는데, 그래서 그런지 모 교회 높은 분이 대놓고 "참 하나님이 대단하다"라고 하셔요. 왜냐고 하면 "나 같은 것을 쓰시는 것" 보면 하고 말합니다. 처음 그 말 들을 때 뿔따구가 나더니 잠시 후에는 은혜가 됩니다. 하나님한테 안 잘리고 쓰임 받으니 이것보다 무엇이 더 은혜일까?
그래도 아이디어는 많은 것 같아요. 항상 엉뚱한 생각 같은데 마치 새로운 것을 개발하는 것처럼 카피(모방)도 잘해요. 알면서 속아 주고 참아 주는 성도들에게 큰소리는 다 쳐요. 청소년들에게는 자기 자식 마구 혼내듯이 야단도 잘 쳐서 어떤 애는 우리 교회가 좋은데 누가 무섭대요. 청소년들에게는 더 무서워요. 그래도 일대일로는 봐

줄 만한데 단체는 조금만 잘못해도 언제나 기합이에요. 그래서 결론은 우리 청소년들과 청년들이 참기로 했대요. '언젠가 변화되겠지' 하고 믿어 주기로 했나 봐요. 그래도 다행이지 뭐예요. 글쎄 그 못난 목회자가 고집도 얼마나 센지, 또 놀기는 엄청 좋아해서 웬만해서는 스트레스 안 받는 것 같아요. 음정 박자 다 무시해 왕짜증 나게 만들면서도 잘 째려봐요. (자기가 틀리고 마치 반주자가 틀린 것처럼) 말주변이 없어서 스스로 '입만 성경 인물 모세'라고 하는데, 설교 죽 쑤는 것을 알면서도 CD까지 만들어요. 그런데도 엉뚱한 데서 '은혜 된다'라는 성도도 있대요.

언제나 믿음, 소망, 사랑 더하기 꿈, 비전, 환상 이야기하며 치유, 회복, 축복, 행복 얘기 또 말(언어), 생각과 섬김, 나눔 빼놓지 않고 말하며 말씀, 기도, 하나님, 예수, 십자가, 구원, 영생, 성령 받아야 한대요. 그런데 뭔가 매력이 있긴 있나 봐요. 왠지 모르게 끌려요. 물론 주관적이니까 약간 뻥이겠죠? 아니면 자화자찬? 사실, 좀 솔직하기는 해요. 그리고 가만히 보면 무식하리만치 청소년과 청년들에게 투자하거든요.

그런데 2010년에는 '효가 살아야 교회가 산다'라며 어른 공경하는 가족 공동체를 꿈꾸며 설쳐요. 또 이웃과 함께해야 한다며 지역 공동체에게 한 걸음 더 나아가야 한대요. 그러니 내년에는 더 일들을 많이 만들 것 같아요. 어떻게 감당하려고 하는지 아마도 제가 생각하기에는 든든한 빽이 있나 봐요. 그러며 하는 말. "우리 교회 이보다 더 좋을 수 있어요. 어때요? 믿어지나요?" 아마 그러며 또 말할 거예요. 감사하다고! 자기는 행복한 목회자래요. 그럼요. 엄살 심하지, 큰소리치지, 하고 싶은 것 다 하지, 어찌 안 행복하겠어요? 혹시 이런 교회 보셨나요? 함께하는 모두가 누구 닮아가는 것 같아요. 그래서 공동체래요. 예닮 공동체! 예찬 공동체! 언제나 할 말은 많은데 줄일래요. 또 누군가 엉뚱한 데서 은혜 이야기 나올까 봐.

정말 주님이 아니면 아무것도 아닌, 작은 목동 윤호용 목사가 감상의 눈물을 흘리며….

은혜와 평강 순복음교회는 운동을 좋아해

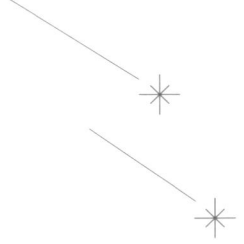

929 기도 운동, JOY 사랑 운동, 하나님의 뜻 JPT 운동, 153 축복 운동, 오순절 성령 운동, 하나님 말씀 쓰기 운동, 이 듣도 보도 못한 운동이 모두 은혜와 평강 순복음교회에서 진행한 운동이었다.

"은혜와 평강 순복음교회는 운동을 좋아해!"라는 우스갯소리가 들릴 정도로 우리 교회는 교회에서 하는 많은 프로그램에 '운동'이라는 단어를 붙였다. 거의 모든 운동이 말씀을 기반으로 시작되었다.

"이르시되 기도 외에 다른 것으로는 이런 종류가 나갈 수 없느니라 하시니라"(막 9:29).

마가복음 9장 29절 말씀을 붙잡고 시작한 '929 기도 운동'은 개척 때부터 실시한 기도 운동으로 "기도 외에 다른 것으로는 이런 종류가 나갈 수 없느니라"라는 말씀을 붙잡고 성도님들이 각자 오전 9시, 오후 2시, 오후 9시에 핸드폰 알람을 맞춰 놓고 각자의 위치에서 합심해 기도하는 운동이었다. 929 기도 운동을 통해 은혜와 평강 순복음교회는 기도의 능력을 체험하고 기도의 강력한 힘이 있는 교회가 되었다. 그것은 마치 다니엘이 하루 세 번 성전을 향해 기도했던 것처럼 우리의 삶이, 우리의 호흡이 기도로 채워지는 역사가 일어난 운동이었다.

마태복음 22장 34-40절 말씀을 붙잡고 펼쳐진 'JOY^{Jesus first, Others second, You third} 사랑 운동'은 먼저는 하나님을 사랑하고, 그 사랑의 흘러넘침으로 이웃을 사랑하는 운동이었다. 하나님께서 당신 아들의 목숨을 기꺼이 내어놓으시기까지 우리를 사랑하신 그 사랑을 우리 또한 감격의 기쁨으로 전하는 운동이었다. 복음은 기쁜 소식이다. 복음은 최고의 사랑이다. 그 사랑을 이웃에게 알리는 행위, 그것이 최고의 사랑을 실천하는 행위다.

"항상 기뻐하라 쉬지 말고 기도하라 범사에 감사하라 이것이 그리스도 예수 안에서 너희를 향하신 하나님의 뜻이니라"(살 5:16-18).

데살로니가전서 5장 16-18절 말씀을 가지고 '하나님의 뜻 JPT^{JOYFUL, PRAY, THANKS} 운동'이 펼쳐졌다. 영어의 앞 글자를 따서 만든 '하나님의 뜻 JPT 운동'을 통해 우리는 우리를 향한 하나님의 뜻이 무엇인지 새롭게 하는 시간을 갖게 되었다. 그 결과로 우리 교회에서는 웃음꽃이 피어나고, 기도 소리가 끊이지 않았으며, 감사하는 마음으로 충만해졌다.

> "시몬 베드로가 올라가서 그물을 육지에 끌어 올리니 가득히 찬 큰 물고기가 백쉰세 마리라 이같이 많으나 그물이 찢어지지 아니하였더라"(요 21:11).

요한복음 21장 5-11절 말씀을 붙잡고 시작된 '153 축복 운동'은 말 그대로 예수님의 말씀에 순종하고, 하늘의 신령한 복과 땅의 기름진 복으로 이 땅의 삶이 천국으로 화하기를 소망하고 이루어가자는 운동이었다. 물질에 묶여 있던 성도들에게 축복 기도를 하고, 상처와 생각으로 묶인 자들에게 자유를 선포하며 축복하는 기도 운동이었다. 그것은 곧 생명의 부활과 잇대어져 있다. 주님의 말씀이 우리의 심령을 만지고 우리가 주님의 말씀에 순종하였을 때 일어나는 기적적인 생명 부흥 운동. 그 부흥에 참여하는 기쁨의 감격을 누리는 운동이었다.

이 외에도 오순절 성령 운동, 하나님 말씀 쓰기 운동 등등 정말 은혜와 평강 순복음교회는 많은 운동을 일으켰다. 이 운동들은 놀랍게 부흥과 직결돼 있었다.

영적으로 다운될 만하면 말씀을 붙잡고 시작한 운동이었으니 얼마나 강력한 힘이 임했겠는가? 실제로 성도들은 이 모든 운동을 기쁘게 참여했다. 그 결과 주님을 향한 열정은 물론, 죽도록 충성하고자 하는 결단까지 생겼으며 무엇보다 하나님을 사랑하고 이웃을 사랑하는 하나님의 마음이 우리 가운데 강력하게 임했다.

부흥의 은혜, 하나님께서 친히 일하신다

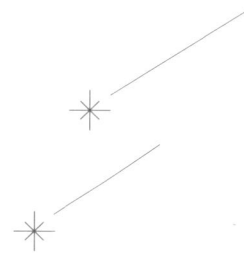

하나님의 은혜로 교회를 개척한 지 5년 만에 재적 성도 94명, 주일 출석 성도 70여 명이 되었다.

'겨우 94명? 별거 아니네!'라고 혹시나 생각하시는 분들을 위해 부언하자면, 이민 교회에서, 그것도 알래스카에서 이 숫자는 정말 엄청난 부흥의 숫자다. 어찌 됐든 성도가 많아지자 우리는 별의별 방법을 다 동원해서 한 사람이라도 더 예배에 참석할 수 있도록 자리를 마련하기 위해 최선을 다했다.

작은 성전에 의자 하나 더 놓기 위해 화장실을 없애는 등 이미 3번이나 공사를 했기에 더는 교회에 자리가 없었고 주차 공간도 없었다. 교회가 성장하면 2, 3, 4부 예배를 드릴 계획이었지만, 주차 공간이 없어서 교회 양쪽 옆 주차장까지 빌려야 하는 상황이었고 겨울에는 눈이 많이 내려서 주차장이 더욱 좁아졌다.

게다가 허리띠를 졸라매고 모은 돈이 2만 달러 정도였기에 새로운 일을 벌일 수 있는 상황이 아니었다. 목협위에서 회의한 결과 건물 임대로 가닥을 잡고 몇 곳을 알아보았다. 그런데 시간이 흐르면서 성도들의 마음이 임대가 아니라 구매로 기울기 시작했다.

"내가 너보다 앞서 가서 험한 곳을 평탄하게 하며 놋문을 쳐서 부수며 쇠빗장을 꺾고 네게 흑암 중의 보화와 은밀한 곳에 숨은 재물을 주어 네 이름을 부르는 자가 나 여호와 이스라엘의 하나님인 줄을 네가 알게 하리라"(사 45:2-3).

성전 건축을 놓고 금식 기도하며 받은 말씀이었다. 나는 하나님께서 성전 건축을 원하시고 계획하신다고 확신했다.

"하나님께서는 지금도 살아서 역사하십니다. 하나님은 반드시 일하십니다. 우리 성도들의 마음과 뜻을 합하여 기도하면 하나님께서 이루실 것입니다. 간증이 넘치는 은혜의 삶을 살아갑시다."

나는 확신을 가진 만큼 담대히 선포했다. 곧바로 건축 위원회를 구성하고 기도하며 먼저 건축 위원회가 지금도 살아 역사하시는 하나님을 체험하기를 원했다. 그런데 안수집사 한 분이 회의할 때는 긍정적이고 앞장서서 일하다가 회의가 끝나면 밖에 나가서 성도들에게 부정적인 말을 한다는 것을 알게 됐다. 마음이 너무 아팠다. 성도들은 건물을 보고 너무 크고 좋은 조건이라며 좋아했지만 당장 눈앞에 현실로 다가온 것은 물질이었다. 그 후로 세상의 수단과 방법으로 준비하는 모습을 보게 되었다. 교회 당회나 건축 위원회 등의 모임에서는 서로 의견이 달라 큰 소리가 날 수 있지만 일단 결정하면 한목소리가 되어야 하는데 반대하는 사람들은 항상 "모른다", "못 들었다"라는 식으로 말하는 게 문제였다. 하지만 이대로 물러설 수 없었다.

성전 건축을 준비하며 2010년 9월 19일 주일에는 전교인 금식을 선포했고, 9월 20일부터 10월 8일까지 특별 새벽 기도회를 했으며, 9월 26일에는 주일 예배를 마치고 모든 성도가 4700 Gambell St. 건물로 가서 손에 손잡고 한마음 한뜻으로 통성 기도를 했다. 그리고 지역 신문 광고를 통해 기도를 요청했는데 평소에 알고 지내던 귀가 잘 들리지 않는 집사님이 그 신문 광고를 보고 가슴이 찡하고 눈물이 나서 그날 받은 보름치 월급을 무명으로 헌금하겠다고 성도 편에 전해 왔다. 건축 헌금을 할 여유가 없었던 한 성도는 김치를 만들어 지역 한인들에게 판매하여 5천 달러를 헌금했다. 10월 10일에 성전 매입을 위한 임시 공동회의를 열어 투표한 결과 참석자 64명 중 찬성 63표 기권 1표라는 놀라운 결과를 하나님께서 허락해 주셨다.

성전 건축을 준비하며 정말 많은 일이 일어났다. 지금까지 하나님의 은혜로 살아왔다고 믿으면서도 때를 따라 주시는 은혜가 절실히 필요한 때였다.

"과거에 받은 은혜로 오늘을 살아가기가 너무 힘이 듭니다. 우리에게는 오늘의 은혜가 필요합니다."

성전 건축을 놓고 몇 개월 동안 예배를 드리며 눈물이 마른 적이 없었다. 어려울 때일수록 하나님을 가까이 하는 것이 복이다. 성전 건축을 하며 이런 글이 생각났다.

"병들지 않으면 드리지 못한 기도가 있고, 병들지 않으면 부르지 못한 찬송이 있습니다. 병들지 않으면 믿지 못한 기적이 있고, 병들지 않으면 성도가 될 기회를 얻지 못할 수도 있습니다."

그렇다. 건축하지 않았다면 드리지 못할 기도가 있었고, 부르지 못할 감사와 믿음의 찬송이 있었다. 건축하지 않았다면 믿지 못할 기적들이 있었고, 성도의 행복과 축복을 얻을 기회를 얻지 못했을 것이다.

2010년 10월 22일부터 24일까지 3일간 지역의 침례교회, 온누리교회, 동양선교교회 목사님을 모시고 '성전 건축을 준비하는 결단의 성회'를 개최했다. 하나님의 전을 세우는 일에 앞서 지역 교회를 세우고, 지역 목사의 영적 권위를 회복하며, 하나님의 백성이라 일컬음을 받는 성도들의 신앙과 생활을 세우는 말씀 잔치를 했다.

"신앙은 환경의 문제가 아니라 관점의 문제입니다. 재물을 주시는 이가 누구인지 모르면 돈은 독이 되지만 누구인지 알면 돈은 약이 됩니다. 내 생각과 내 뜻대로 하면 그 책임이 나에게 있지만, 하나님께서 하라는 대로 하면 하나님께서 책임져 주십니다. 우리의 신앙생활에 광야길이 나타나도 믿고 맡기고 나아가면 평탄한 길로 인도하신다는 사실을 잊지 맙시다. 언제나 담대히 외쳐야 할 말씀은 '하나님 편에 대책이 있다'라는 것입니다."

계속해서 선포되는 목사님들의 담대한 말씀이 성도들의 마음을 뜨겁게 움직이게 했다. 각 교회에서 따라온 성도들이 하나님께서 주시는 마음에 따라 각자 건축 헌금을 드렸다. 예수님의 이름으로 모든 교회의 지체들이 하나가 되는 순간이었다.

"우리가 어른들을 깨우자!"

청년들도 회의하고 건축 헌금을 작정했는데 그 액수가 상상 초월이었다.

"우리가 신앙생활을 하면서 얼마나 많은 성전 건축을 해보겠는가? 이번에 한번 확실하게 카드빚을 내서라도 힘을 합쳐 보자."

너무 강요하는 것이 아니냐는 항변도 있었지만, 청년들은 마음을 모았다. 놀랍게 청년들은 애초에 작정한 것보다 더 많은 헌금을 했다.

"할렐루야! 하나님께 영광!"

교회 재정 2만 달러가 전부였던 2010년 9월 중순부터 시작된 건축 이야기를 알래스카 앵커리지는 물론이고 한국, 미국 본토에 사는 많은 분이 듣고 이름 없이 건축 헌금에 동참해 주셔서 한 달 만에 30만 달러를 모금했다.

10월 29일에 드디어 성전을 구입하고 공사에 들어갔다. 공사비용을 아끼기 위해 특별한 자격증이 필요한 부분을 제외하고는 모든 성도가 힘을 합쳐 바닥부터 천정까지 페인트를 칠하고 카펫을 깔고 쓰레기를 버리고 식사를 준비했다.

11월 20일 토요일 제3회 콘서트를 새 성전에서 개최하자는 목표를 세우고 '선하고 아름다운 이야기 행진'(시 133:1)과 추수 감사 주일을 준비한 결과 완벽하지는 않았지만, 행사를 치를 수 있게 되었다. 그리고 평소에 친분이 있었던 믿음의 지체가 무명으로 그랜드 피아노를 기증해 주셨다.

바쁘게 성전을 구입하고 공사와 이전을 하면서 "하나님이 일하신다"라는 확신과 받은 은혜를 나누며 새로운 결단으로 한 걸음씩 나아갔다. 그리고 이 시대에 하나님의 사람들을 깨워 주실 줄 믿고 평신도 리더가 이끄는 '새 성전 새 마음 새 결단'이라는 주제의 특별 새벽 예배를 드렸으며, 2011년을 꿈꾸며 하나님이 찾으시는 예배자, 하나님이 원하시는 서로를 위한 중보자, 잃어버린 영혼을 찾기에 갈급한 전도자가 되겠다고 선포했다. 우리는 하나님께서 친히 일하시는 역사의 현장을 목도했고, 부흥의 은혜에 참여하는 자가 되었다.

은혜가 임하니까 부르짖게 되더라

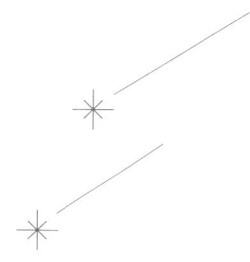

"야, 솔직히 그때 내가 신앙생활을 안 하면 네가 죽을 것 같더라."

지난날을 떠올리는 듯 큰형님이 나를 보고 히죽 웃으며 던진 말이었다.

"으음? 그건 또 무슨 말이에요?"

"내가 믿기 전에, 우연히 네 옆에서 네 기도 소리를 듣게 됐는데 그때 네가 목에 핏대를 세우며 목청이 터져라 부르짖으며 기도하는데 그 기도가 내 기도지 뭐야? 내가 믿지 않으면 네가 부르짖다가 뒤로 넘어가 죽을 것 같더라고."

형님의 우습지만 진심이 담긴 간증을 들으며 그 자리에 모여 있던 우리 형제들은 모두 웃었다. 웃음이 잦아들자, 나는 쐐기를 박듯 한마디 했다.

"은혜가 임하니까 부르짖게 되던데."

정말이다. 은혜가 임하면 부르짖게 된다.

인생이 각양각색, 다채로운 만큼 기도도 다양하다. 묵상하는 기도, 부르짖는 기도, 토하는 기도, 통성 기도, 방언 기도 등등 삶의 문제가 닥쳤을 때, 우리는 그 닥친 상황에 맞는 기도로 삶의 문제를 해결해 나가야 한다. 기도는 마치 무기와도 같다. 상대에 따라, 환경에 따라 골라 쓸 수 있는 무기가 많은 사람이 승리한다. 또 기도는 기초체력과도 같다. 말씀도 많이 알고, 믿음도 좋고, 신앙도 좋은데 자꾸만 넘어지게 된다면 그것은 기초체력이 부족해서다. 어떤 일이든 기본기가 탄탄해야 열매가 맺히듯이 우리에게 기도는 열매를 맺을 수 있게 하는 기본기와 같은 것이다. 그래서 매일 기도해야 한다. 기본적으로 기도의 훈련이 필요한데 기도의 훈련을 받을 수 있는 환경이 마련돼 있지 않은 것이 문제다. 우리에게는 기도하는 교회의 모델이 필요하다.

십자가의 사명을 완수하기 위해, 극도의 긴장감으로 모세혈관이 터져 피와 땀이 뒤섞여 기도하던 예수님을 상상해 봤는가? 우리는 부르짖어 기도하고, 피와 땀을 흘리며 기도해야 한다.

지금은 기도가 절실한 시대다. 마지막 때, 우리의 다음 세대가 죄가 만연한 세상에 다 먹히고 있다. 세상에 청년들을 빼앗기고 있다. 형식적이고 외식적인 성도들로 가득해서 교회가 세상의 소금과 빛의 역할을 감당하지 못하고 세상에 짓밟히고 있는 작금의 시대다. 어떻게 기도하지 않을 수 있겠는가?

고개만 들어도 기도 제목이 보인다. 사람을 만나도 기도 제목이 보인다. 뉴스를 봐도 기도 제목이 보인다. 또한 다른 미디어 매체에서 흘러나오는 악한 전파의 영향력을 보면서 어찌 기도하지 않고 멈출 수가 있는가?

믿는 사람이든, 믿지 않는 사람이든, 교회에 대한 기대치는 똑같다. 건강한 교회, 행복한 교회를 바라며 선한 영향력을 끼치는 교회를 바란다. 하지만 "교회는 병원이다"라는 말처럼 서로가 위로하며 격려하며 기도하며 나아가야 하는데 모두가 환자로만 존재하려고 하고 "내가 더 아프다. 내가 더 힘들다"라고 말하고 있다.

누군가가 말하길 가장 이상적인 교회는 "유람선과 같아서는 안 된다"고 한다. 왜냐하면 유람선은 선장과 승무원 등 특정한 사람들만 일하고 나머지 승객들은 모두 즐기기만 하기 때문이다. 하지만 교회가 군함이나 어선과 같은 기능을 발휘한다면 모든 구성원이 각자 자기 역할이 있어 그 일을 감당할 때 일을 해도 지치지 않고 함께하는 기쁨과 나누는 즐거움을 통해 회복과 하나님의 영광을 드러낼 수 있다.

이민 교회와 성도들이 교회의 존재 목적에 대해 다시 한번 생각하고, 또 세상도 교회에 대해 자기 잣대로 판단하지 말고 알려면 제대로 알았으면 좋겠다는 생각이 많이 드는 때다.

필리핀 마닐라 침례교회 앞에는 '예수는 대답이다'라는 글귀가 쓰여 있다고 한다. 그 글귀를 보며 지나가는 젊은이들이 서로 얼굴을 쳐다보면서 낄낄거리며 "우리가 뭘 물었는데?"라고 비아냥거린다고 한다. 그렇다. 사람들은 더는 묻지 않는다. 교회에 대해 궁금한 것이 없다. 분명 교회가 세상에 빛과 소금의 역할을 감당해야 하고 선한 영향력을 끼쳐야 하는데, 그래서 예수 그리스도가 답이고 교회는 그 해답을 증명해야 하는데, 우리는 교회 안에서만, 우리끼리만 말하고 세상에 나가서는 침묵한다.

우리는 누구나 오늘보다 더 나은 내일을 꿈꾸며 살아간다. 그런데 우리의 현실은 그렇게 녹록하지 않다. 좋지 않은 환경 속에서 애매하게 고난 겪고, 옳고 그름의 문제가 자신의 이익에 따라, 다수에 따라 달라지는 세상에서 우리는 살고 있다. 언제나 좋은 일만 있기를 모두가 간절히 바라지만 결코 현실은 우리에게 따스하게 다가오지 않는다. 어제의 친구가 오늘은 적이 되어 끝날 것 같지 않은 실망과 배신의 상처와 아픔으로 얼룩진 일들이 얼마나 많은지 모른다. 각자가 자기의 문제 때문에 아파하고 힘들어하고 자신의 말 좀 들어달라고 호소하는데 그 말을 듣는 사람은 들리지 않는다. 왜냐하면 자기만의 이유가 있기 때문이다.

고생을 많이 한 사람들은 '산전수전 공중전'까지 다 겪었다고 말한다. 그런데 언제인가부터 '우주전'까지 겪어야 하고 신앙인들은 '종교전(교인끼리의 전쟁)'까지 겪어야 한다는 쓴웃음 짓게 하는 소리까지 있었다.

목회하면서 많은 일을 경험한다. 세상적으로 살면 '안 볼 것 같은 더러운 일들'이라 표현하는 게 맞는 것 같다. 그런데 믿음 안에서 참으라고 한다. 한때는 빨리 잘나가는 것 같은 시간도 있었던 것 같은데 목회를 하면 할수록 선배 목사님들의 경험에서 우러나온 권면의 말씀들이 귓가에 새겨진다.

"굽이굽이 겪어야 하는 문제들은 시기만 다를 뿐 다 겪는 일들이다. 평신도들은 평신도 나름대로 어려운 환경 속에서 믿음을 지키기 위해 겪어야 할 일들이 있고, 주의 길을 가는 초년병들은 초년병 나름대로 그 열정에 맞부딪치는 현실의 어려움이 있다. 부교역자로서, 담임목사로서, 개척자로서, 후임으로서 겪어야 할 일들 역시 많다. 교회를 개척할 때 듣는 말과 어려움도 있고, 성도가 늘어가면서 다양한 성도들의 모습 속에 서로 아파하고 상처를 주고받는 모습들도 지켜봐야 한다. 교회 건축을 하며 물질의 문제 앞에 인간적인 모습을 드러내는 리더들이 모든 문제를 교회와 목회자의 책임으로 떠넘길 때도 그저 묵묵히 감수하고 받아들여야 한다. 결코 뒤로 물러설 수 없는 수많은 상황 앞에 서야 하고, 일일이 다 열거할 수 없는 수많은 아픔과 상처와 대면해야 한다. 그 누구에게도 말할 수 없는 사연들과 겪어야 하는 일들이다. 이 모든 것들은 오직 하나님과 독대로만 풀어내야 한다."

정말 중요한 것은 겪어야 하는 모든 일을 어떻게 지혜롭게 잘 극복하느냐 하는 것이다. 어떤 이는 마치 출애굽을 한 이스라엘 백성들이 사흘 길이 멀다 하고 원망하고 불평하며 애굽에서의 종살이를 그리워했던 것처럼 40년 광야 길에 있는 이가 있다. 하지만 가장 지혜롭고 빠르게 극복하는 길은 상황을 빨리 깨닫고 사람에게 동정을 받기보다는 침묵하고 무거운 짐을 주님 앞에 가지고 나아와 부르짖어 기도하는 것이다.

고난을 통과한 욥의 갑절의 축복과 종살이, 감옥살이, 타향살이의 설움 속에서도 하나님을 믿고 인내로 이룬 요셉의 형통, 그리고 포로 된 몸으로도 하나님의 영광을 드러낸 다니엘과 세 친구 사드락과 메삭과 아벳느고의 신앙의 절개는 우리가 추구하고 본받아야 할 신앙의 표본이다. 겪지 않고는 알 수 없는 고난이지만 그 고난 가운데 하나님이 함께하심을 믿는 믿음이 있기에 날마다 승리하였던 것처럼, 우리도 주님의 영광에 동참하기 위해 고난도 함께 감당하는 삶을 살아갈 것을 다시 한번 다짐해 보는 시간을 가져 보면 좋을 것 같다.

피해갈 수 없는 상황 속에서 "하나님! 왜 나에게 이러한 고난을 주셨습니까?"라고 말하기보다는 그 고난을 통해 신앙 성숙의 기회로 삼는 지혜가 절실히 필요할 때다. 겪어야 할 모든 상황과 과정 가운데 역사하시는 하나님을 만남으로 승리하는 모두가 되기를 바란다.

내가 꿈꾸는 교회

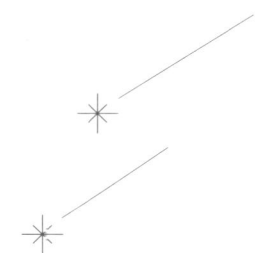

우리 교회에는 한 살짜리 성도, 은호와 진우라는 아이가 있다.

어느 날, 은호와 진우가 층계를 내려가는 게 불안해 보여서 은호와 진우의 손을 꼭 잡고 층계를 내려갔다. 아이들은 내 손을 잡고 내려가면서도 자꾸만 넘어지려 했다. 나는 손에 힘을 주어 아이들이 넘어지지 않도록 보호했다. 결국, 은호와 진우는 내 손이 지탱해주는 힘으로 무사히 층계를 내려왔다. 안전하게 층계 아래로 내려온 아이들이 아장거리며 자신의 길을 걸어가는 모습을 보면서, 문득 하나님을 생각하게 됐다.

우리는 마치 한 살짜리 은호와 진우 같아서 신앙생활을 하며 자주 넘어지게 된다. 하지만 하나님께서 우리가 넘어지지 않도록 붙잡고 계신다는 것을 믿어야 한다. 믿는다는 것은 아는 것이다. 믿는다는 것은 보는 것이다. 넘어지더라도 곧 다시 일으켜 세우실 하나님의 손을 꼭 인식하고 기억해야 한다.

내가 꿈꾸는 교회는 건강한 교회, 행복한 성도, 거룩한 세대다. 내가 생각하는 건강한 교회는 연령층이 골고루 분포돼 있는 교회다. 한 살배기 성도와 여든의 할아버지 성도가 소통하고 교통하는 교회가 건강한 교회다. 다음 세대를 위해 기도한다면, 이름을 하나둘 다 불러가며 기도해야 한다. 최소한 장로님들이 교회 아이들의 이름을 다 알기를 원한다. 그것이 바로 다음 세대를 위해 기도했다는 증거다. 교회의 어르신들을 위한 기도도 마찬가지다. 그 이름을 하나하나 다 불러가며 기도하고, 그 기도를 통해 서로를 향한 사랑이 확장되어 가는 교회. 그런 교회가 건강한 교회다.

요즘 모든 교회가 교회로부터 등을 돌리는 '다음 세대'로 인해 근심하고 있다. 우리가 다음 세대를 위해 기도할 때, 아이들이 교회로 돌아올 수 있다. 교회를 떠났다가 다시 돌아온 아이들에게 교회가 즐겁고 기쁜 곳임을 알려 줘야 한다. 그렇게 행복한 성도들로 가득하고, 다음 세대가 거룩한 세대로 세워질 수 있는 교회! 그것이 바로 내가 꿈꾸는 교회다.

다음 세대, 즉 청년 사역의 핵심은 미래의 비전을 확실하게 제시하는 것이다. 더 많은 청년이 평신도 사역자로 세워져야 한다. 요즘 교회를 보면서 내가 정말 안타깝게 생각되는 부분은 모든 사역에 사례비를 지급하는 것이다. 악기 팀, 보컬 팀, 심지어 성가대에도 다 사례비가 나간다. 자칫 사례비는 하나님의 일꾼이 될 수 있는 믿음의 성도들을 삯꾼으로 변화시킬 수 있다.

모든 것을 돈으로 해결하려 하는 세상 맘몬 중심의 풍토가 교회 안으로도 침범했다. 그것을 깨부숴야 한다. 교회에서 지급하는 사레비 대신에 하나님을 향한 그들의 열정을 끌어내고, 하나님께 봉사와 헌신으로 심었을 때 만복의 근원이신 하나님께서 그들을 어떻게 축복하시는지를 경험하게 해야 한다. 평신도 사역자로 하나님 앞에 헌신하는 자들이 많이 나와야 하고, 목회자는 이들을 수용하고 세워야 한다.

권위주의가 아니라, 권위로 이끌어가야 한다. 권위주의에 빠져서 "전, 도사님입니다"라는 오류에 빠지면 안 된다. 권위는 남들이 인정해 주는 것이다. 그리고 권위는 다른 이들을 이끌어 갈 수 있는 원동력이다. 전도하는 사람, 헌신하는 사람이 권위 있는 사람이다. 그러므로 프로를 고용해 사례비를 지급하는 교회에 나는 반대한다. 드려지는 예배는 자원하는 마음이 우선순위다. 각자에게 숨겨진 달란트를 개발하고 그 달란트를 하나님께 드릴 기회를 얻는 것. 그것은 엄청난 축복이다. 교회에서 사례비를 지급함으로 축복받는 것을 방해하면 안 된다. 하나님은 부요한 분이시다. 인간적인 생각으로 '모든 필요 충족을 채우실 수 있는 부요하신 하나님'이 나타나는 것을 방해하면 안 된다. 사람들의 긍휼함이 아니라, 하나님의 긍휼함이 임해야 한다.

우리 교회는 재정부도 청년이 맡고 있다. 그리고 나는 모든 사역에 한 사람만 세우지 않는다. 세컨드를 반드시 세운다. 세컨드지만 마음이 하나님께로 향해 있다면 그런 친구들은 훈련시키면 더 잘한다. 교회 사역에서 중요한 것은 잘하고 못하고가 아니라 마음이 온전히 주님께로 향해 있는가 그렇지 않은가이다. 그 마음을 받으신 하나님께서 그 후에 탁월함을 갖추게 할 훈련프로그램을 준비하고 계신다.

　마지막으로 내가 꿈꾸는 교회는 온전히 예수 그리스도만이 머리 되신 교회다. 머리 되신 예수 그리스도의 명령에 따라 우리는 합력하여 선을 이루는 지체들이다. 그런 지체들이 각자의 달란트로 세워질 수 있는 교회! 그렇게 하나님의 영광을 볼 수 있는 교회가 되기를 꿈꾼다.

chapter 4
또 한 번 상실의 시대, 우리가 다시 부를 노래!

흘려야 할 눈물이라면 마음껏 울자

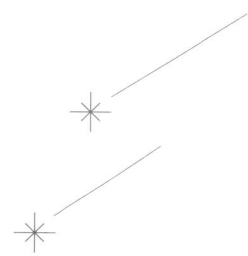

2014년 2월, 서울의 모 교회에서 부족한 나를 청빙하는 문제도 상의하고 부흥회도 인도해 달라고 해서 한국에 왔다. 다행히 당회 장로님들과 대화가 잘 이루어져 거의 결정이 된 상태로 마무리되었다.

5월에 여의도 순복음교회 세계 선교 대회에 참석하고 5월 마지막 주일에 아내와 함께 인사만 하면 되는 상황이었다. 그런데 아내가 약간 이상했다. 숫자를 잘 기억하지 못하고 사람 이름과 얼굴도 알아보지 못하고 멍한 증세를 보였다. 원래는 선교 대회 전에 건강 검진을 받기로 예약해 놓았는데 검진 이틀 전에 일어난 일이었다. 서둘러 검진해 보니 뇌경색이었다.

"무슨 입원이에요? 난 괜찮으니까 빨리 미국으로 돌아가요."

아내는 결과를 받아들이지 못하고, 미국으로 돌아가자고 성화였다.

"그러다 큰일 나. 일단 여기서 입원하고 치료받읍시다."

나는 아내를 간신히 설득하고, 선교 대회 기간 중에 여의도 순복음교회 당회장 이영훈 목사님에게 기도를 받았다. 그리고 아는 지인을 통해 강북 삼성병원을 소개받고 바로 입원시켰다. 입원한 아내를 보면서 문득 지난날이 떠올랐다.

"왜 목사 부인을 사모라고 할까요? 차라리 식모라고 하면 괜찮을 텐데…."

아내가 불쑥 꺼낸 말에 나는 당황했다. 내가 당황한 이유는 주일 예배의 말씀을 준비 중이었는데 주제가 '섬김'이었기 때문이다.

"사모라고 부르면서 식모처럼 일만 시키잖아."

온갖 고생과 스트레스로 매우 고단했을 아내의 모습에 뭐라 위로할 말을 찾지 못했다. 문득, 내가 가장 사랑하는 아내를 잘 섬기고 있는지 질문을 던져 봤더니, 전혀 그렇지 못했다. 믿음 좋고 신앙 좋은 아내에게 희생과 헌신만 강요한 게 아닌가 싶어 미안한 마음이 들었다. 아, 물론 인간적인 마음이었다. 주님께서 상 주시는 이 심을 믿고 하늘 상급을 향해 달려 나가고 있는 아내를 축복해야 한다는 것을 알고 있다. 그런데 그 지식이 가슴으로 내려오기도 전에 인간적인 마음으로 아내에게 잘해 주지 못한 못난 남편의 마음이 되었다. 그리고 그날, 나는 강대상에 올라가 '예수님의 섬김'을 주제로 말씀을 선포해야 했다.

말씀의 선포는 나의 못난 감정과는 상관없이 선포되었다. 나의 감정은 지나가는 것이고 변하는 것이지만 하나님의 말씀은 변함없고 영원한 것이기에 나는 담대히 말씀을 선포할 수 있었다.

"너희가 나를 선생이라 또는 주라 하니 너희 말이 옳도다 내가 그러하다 내가 주와 또는 선생이 되어 너희 발을 씻었으니 너희도 서로 발을 씻어 주는 것이 옳으니라"(요 13:13-14)

예수님 말씀을 묵상하고 또 묵상하며, 나는 어떤 상황에서도 감사하는 마음을 가져야겠다고 생각했다. 비록 아내가 스스로 식모라 생각하며 자신의 아픔을 드러내고, 내가 아내를 위로해 주지 못하고 행복하게 해주지 못한다고 하더라도, 주님이 친히 본을 보이신 섬김의 도를 알고 행함으로 참된 회복과 측복과 행복을 고백하며 누리고 나누는 삶을 살 수 있도록 아내를 섬겨야겠다고 다짐했다. 그런데 늘 강건하게 내 옆을 지키고 있을 것이라 생각했던 아내가 뇌경색이라니, 나는 믿기지 않았다. 나는 주님께 기도했다.

"주님, 어떤 상황에서도 감사할 수 있는 마음을 주십시오. 고단했던 아내의 지난날의 삶을 긍휼히 여기시고 회복과 위로와 참된 평안함이 임할 수 있도록 해주소서. 그리고 제 마음에도 주님의 은혜와 평강이 넘치기를 원합니다. 예수님의 이름으로 기도합니다. 아멘!"

그리고 얼마 후, 나는 기쁜 소식을 들을 수 있었다.

"수술은 하지 않아도 될 것 같고, 약물 치료로 가능할 것 같습니다."

뇌경색을 빨리 발견한 덕분에 수술 없이 약물 치료만으로 가능하다는 진단 결과가 나왔다. 아내는 8일 동안 집중 치료실에서 치료를 받았다. 아내가 입원해서 치료를 받는 동안 나는 주님 앞으로 나아가 무릎을 꿇었다.

"우리가 살아도 주를 위하여 살고 죽어도 주를 위하여 죽나니 그러므로 사나 죽으나 우리는 주님의 것입니다. 좋으신 하나님께서는 빠른 회복을 통해 하나님께 영광을 올리게 해주셨습니다. 어찌 다 말로 설명할 수 있겠습니까? 나의 나 된 것은 하나님의 은혜라는 사도 바울의 고백이 저의 고백이 되기를 소망합니다. 하나님의 은혜가 아니고는 그 무엇으로도 설명할 수 없습니다. 하나님의 은혜와 평강이 아니고, 생명의 말씀이 아니고, 예수 그리스도의 십자가 보혈, 그 이름이 아니고는 아무것도 아닙니다. 주님께서 허락하신 하루하루를 감사하며 살아갑니다. 하나님은 준비된 자를 쓰신다는 믿음으로 무엇보다 열심히 준비하며, 그때그때 주시는 은혜와 맡겨진 배역대로 작은 일에 감사하며, 주님 앞에 섰을 때 '잘하였도다. 착하고 충성된 종아'라고 말씀하시며 주님이 계수할 만한 시간이 있기를 바랄 뿐입니다."

그렇게 아내는 하나님의 보호하심과 예비하심으로 건강이 회복됐다.

그러던 어느 날, 아내가 서류를 정리하다가 2010년 뉴욕 교단 총회에 태원이와 태영이랑 함께 갔다가 찍은 사진을 보고는 혼자 흐느끼며 울었다. 나는 그 모습을 보고 위로하려고 방에 들어갔다가 아내에게 뜻밖의 말을 들었다.

"하나님은 우리에게 도적질하지 말라고 하시면서, 왜 우리 아들을 도둑처럼 몰래 훔쳐 가셨을까? 아무 말씀도 없이?"

처음 있는 일이었다. 아내로부터 이런 말을 들을 줄은 정말 상상도 못 했다.

늘 강인하고 담대하게 믿음으로 잘 버텨내던 아내였다. 아내는 자신이 억지를 부리고 있다는 것을 알면서도 하소연할 곳이 나밖에 없는 듯 철철 눈물을 흘리며 나를 바라보았다. 그동안 한 번도 표현해 보지 못했던 가슴앓이였으리라.

"하나님이 말해 주셨는데, 우리가 몰랐을 거야."

그러자 아내가 반문하며 되물었다.

"당신은 왜, 목사인데도 몰라?"

억지였다. 목사라도 연약한 인간이거늘 어찌 하나님의 뜻을 다 알 수 있으랴?

"만약에 알았다 해도 하나님의 뜻인데 어떡하라고!"

나도 슬펐다.

나도 아팠다.

나도 억지를 부리고 싶었다.

나도 아들을 잃은 아버지의 슬픔을 하소연할 곳이 필요했다.

당연히 내가 억지를 부리고 하소연할 곳은 하나님밖에 없다는 것을 알고 있다. 그럼에도 우리가 의연하지 못하고, 더 담대하지 못하고, 자식을 먼저 주님의 품으로 보내고 이별의 아픔 때문에 눈물 흘릴 것에 대해 주님도 알고 계셨을 것이다.

"그래. 흘려야 할 눈물이라면 마음껏 울자!"

나는 아내의 어깨를 두드려 주며 함께 울었다.

한참을 울고 나니 속이 후련해졌다. 그 후로 우리는 울고 싶을 때는 마음껏 우는 사이가 됐다. 그리고 나는 10년이라는 세월이 지난 지금도 우리 태원이 이야기를 하면 가슴 언저리가 시리고 아프다. 그리고 눈시울이 저절로 붉어진다. 하지만 태원이를 먼저 주님 품으로 부르신 하나님의 뜻과 계획하심에 대해 순복하고 찬양한다.

내가 흘렸던 눈물의 크기만큼, 내가 아팠던 심장의 통증만큼, 나는 자식을 잃은 성도들의 아픔을 헤아리게 됐다. 그런 나로 만드는 것, 그것이 하나님의 뜻이었으리라.

결핍의 시대

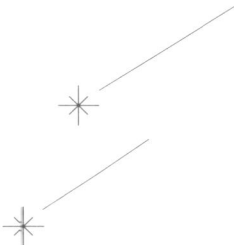

　코로나19 확산 직전인 지난 1월 2일, 장인어른이 4년여 동안을 요양원에서 보내시다 암 투병으로 폐렴에 걸려 주님의 부름을 받으셨다. 다행히 코로나19 확산 전이라 온 가족이 마지막 이별을 함께 할 수 있었다. 그리고 또 한 날, 2012년 7월 '13일의 금요일'은 나의 삶 속에 준비되지 않은 가장 큰 아픔이 다가온 날이며 '고통은 산 자의 몫'이라는 것을 절실히 느끼게 해준 날이다. 20년 6개월이란 시간을 함께하며 기쁨을 주던 큰아들 태원이가 교회 캠프에서 주님의 부르심을 받은 날이다. 다른 사람들에게는 평범한 날일지 모르지만 남아있는 우리 가족에게는 평생 지울 수 없는 날이다.

　인생을 살아가면서 무엇인가를 얻는다는 것은 큰 기쁨이지만, 잃는다는 것은 한없이 큰 슬픔이요 고통이다. 이런 삶 속에서 누군가에게는 기쁨으로, 누군가에게는 아픔으로 기억되는 날들이 있다. 그날이 가까이 다가오면 사랑했던 사람이 좋아하던 음식을 먹거나,

함께했던 장소들을 지나가기만 해도 많은 생각을 하게 된다. 특별히 코로나19로 수많은 사람이 사랑하는 가족을 잃는 슬픔을 겪었다. 게다가 그 마지막 이별의 때에 사랑하는 지인들조차 함께하지 못해 평생 잊을 수 없는 아픔의 날로 기억되고 있다.

결핍이란 '있어야 할 것이 모자라거나 없는 것'을 말한다. 어떤 이는 우리가 사는 이 시대를 이미 많은 것을 가져 '부족함이 없는 시대'라고 말한다. 그 어느 때보다 물질적인 풍요를 누리며 살아가는 시대라는 의미일 것이다. 또 어떤 이는 '늘 무엇인가 부족한 결핍의 시대'라고 말한다. 항상 새로운 것, 더 나은 것을 추구하다 보니 이미 너무 많은 것들이 옛것이 되고 사라져 버렸다. 이렇듯 사람들은 무엇인가 결핍을 채우려 몸부림치며 살아간다. 그리고 자신이 원하는 그 무엇인가를 채우지 못할 때 다른 것으로 대리 만족을 하거나 그것도 아니면 불평불만을 쏟아놓는다.

영적 결핍에 빠지면 육적인 것만 추구하고 자랑하게 된다. 마치 라오디게아 교회처럼.

> "네가 말하기를 나는 부자라 부요하여 부족한 것이 없다 하나 네 곤고한 것과 가련한 것과 가난한 것과 눈먼 것과 벌거벗은 것을 알지 못하는도다"(계 3:17).

주님은 스스로 부자라 말하는 라오디게아 성도들에게 눈이 멀었다고 책망하신다. 결국 육신의 눈에 보이는 물질이 영적인 눈을 가려 눈에 보이지 않는 하나님을 가린 것이다. 그래서 하나님의 우리를 향하신 뜻을 알려고 하지도 않고, 설령 안다고 할지라도 행하려 하지 않을 뿐 아니라 하나님께 구하지도, 찾지도 않게 되는 것이다. 끊을 수 없는 하나님의 사랑도, 은혜도, 긍휼도 잊은 채 "돈이면 다 되는데"라고 착각하니 굳이 하나님을 찾을 이유가 없다.

그래서 삶의 수준은 풍요로워졌는데 오히려 삶의 만족도는 낮아지고 있다. 기대치가 높아져 만족이 없고 상대적 빈곤감에 빠져 항상 부족하고 '조금만 더'를 추구한다. 남보다 더 가지고도 욕심 때문에 부족하다고 느끼며 살기에 모든 일에 부정적이고 원망 불평으로 자기 감옥을 만든다. 열등의식에 빠져 모든 이들을 경쟁 상대로 생각해 늘 염려, 근심, 걱정으로 가득한 삶을 살며 시험과 올무에 빠지기도 한다.

지역 교회를 섬기시는 분이 자신은 권사라고 말하고 그렇게 인정받기를 원하면서도 다른 권사님을 권사라 부르지 않고 계속해서 집사님이라 부르는 것이었다. 그래서 그 권사님에게 "권사님! 저분도 권사님입니다"라고 말했더니 "아이고 미안해요. 내가 잊어버렸어"라고 말하며 웃어넘겼다. 그런데 그때 한 번뿐만 아니라 만날 때마다 "집사님!" 하고 부르는 것이었다. 나이가 많아서 치매가 온 것도 아닌데 왜 저렇게 말할 수밖에 없는 것일까 하는 안타까운 마음에 곰곰이 생각해 보니, 교회 안에 영적 질서가 깨어지니까 결국 세상과 다를 바 없는 모습으로 '네가 언제부터 권사라고' 하는 마음이 있었던 것 같다. 자신은 인정받기를 원하고 상대방은 인정하지 않는 마음이 자리하고 있었던 것이다.

"여호와는 나의 목자시니 내게 부족함이 없으리로다"(시 23:1).

성경은 다윗의 고백을 통해 우리가 가져야 할 신앙관이 무엇인가를 밝히 보여 준다. 세상 그 어떤 것으로도 채울 수 없는 부족함은 오직 주님으로부터 공급됨을 알아야 한다. 주님으로부터 채워지지 않으면 인생은 늘 불안하다. 자기가 하려고 하니 한계에 부딪혀 익숙한 거짓말로 당장 상황만을 모면하려고 한다.

누구나 돈의 결핍이 있고 사랑의 결핍이 있다. 그리고 그 돈과 사랑의 결핍은 우리를 포로가 되게 하여 진정한 자유를 알지 못하게 한다. 그래서 물질(돈)의 결핍이 있으면 돈의 노예가 되어 세상 만물이 주의 것임을 인정하는 십일조도 하지 않고, 하나님의 것을 도적질하고도 잘 모른 채 열심을 내며 살아간다. 그러면서 열심히 잘 믿는데 왜 나에게 축복을 주지 않느냐며 믿지 않는 연약한 사람들과 비교한다. 또 사랑의 결핍이 있으면 남을 사랑할 수 없고 자기가 사랑을 받고 있다는 것도 모른다. 이러한 결핍은 다른 것으로는 채울 수 없다. 오직 예수로 채울 수 있다. 오직 성령으로 채울 수 있다.

사랑하는 사람을 잃은 상실감 또한 마찬가지다. 그 상실감을 채울 수 있는 것은 오직 예수밖에 없다.

죄인인 우리를 구원하기 위해, 아들의 목숨을 내어주신 하나님!

십자가의 고통을 지기 위해 로마 군사에서 잡히시던 날, 당신을 무참히 버리고 떠난 제자들을 바라보신 예수님! 그분만이 우리를 위로할 수 있다. 그분만이 우리를 회복시킬 수 있다. 나는 죽고 그분이 내 안에 살아 역사하셔야 일어날 수 있는 위로와 회복! 그리고 구원! 주님께서 그분을 나타내시고자 당신처럼 아들을 잃게 되는 고통을 내게 허락하셨고, 철저한 외로움과 고통 가운데 십자가를 지신 주님을 더욱더 의지할 수밖에 없는 상황으로 나의 인생을 몰아가셨다.

상실의 시대를 겪어내며, 그럼에도 불구하그 주님을 찬양할 힘을 주셨고 이제 다른 이들에게 찾아온 상실감으로 인한 외로움과 고통을 위로하게 하셨다.

'이제야 겨우 하나님의 뜻을 알게 되고 이해가 된다.'

다행히 너무 늦지 않은 것 같다. 가족해체의 시대와 코로나 시대를 맞이하며 각양각색의 방법으로 자식들을 잃고 상실감에 빠진 채 외로워하고 있는 이들에게 나의 삶을 통해 위로와 회복의 메시지를 전하는 나는 하나님의 메신저다. 이를 통해 하나님을 더 깊이 알고 하나님을 더 사랑하는 이들이 많아지기를 소망한다.

코로나19 사태를 바라보며

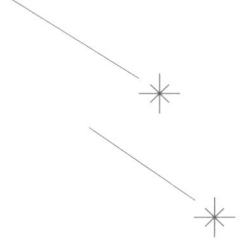

세계보건기구WHO에서는 COVID-19(신종 코로나바이러스 감염증)를 세계적인 팬데믹으로 선포했다.

"의료장비와 자원이 부족한 나라도 있고, 퇴치하려는 의지가 부족한 나라도 있어 모든 국가가 비상 체계를 활용할 수 있는 이상으로 확대하고, 코로나바이러스의 위험과 자신들을 보호할 방법에 대해서 국민과 터놓고 소통해야 한다. 감염자와 모든 접촉자를 찾아서 격리, 검사, 치료하고 병원들과 의료진을 훈련시키고 보호하여 우리는 혼자 살 수 없는 존재이니 서로서로 돕자."

사무총장의 발표가 있고 얼마 후에 한국 뉴스에 '코로나19로 인한 4차 충격'이라는 보도가 나왔다. 1차 충격은 코로나19로 인한 즉시 사망률이 증가한 것이고, 2차 충격은 환자 급증으로 인해 의료 자원(의료진, 음압 병실의 부족과 방역복, 진단키트, 손소독제, 마스크 등)이 제한된 것이며, 3차 충격은 이로 인한 만성질환자 치료에 방해가 생겨난 것이고, 4차 충격은 자가 격리 중에 겪었던 심리적 트라우마, 정신질환이 증가한 것이었다.

코로나19로 전 세계가 바이러스와의 전쟁으로 두려움 가운데 있고 우리의 일상생활을 빼앗기고 말았다. 정치, 경제, 사회, 문화, 교육은 물론이고 가정과 교회에도 큰 타격과 어려움을 주고 있다고 매스컴은 연일 보도했다. 기쁜 소식보다는 염려와 걱정으로 가득한 불안한 미래에 대한 소식들뿐이었다. 나 역시 믿음의 지체들이 걱정되어 전화를 걸어 안부를 물었다.

"아직은 괜찮아요."

내가 안부를 물으면 거의 같은 대답이 들려왔다. 나는 "함께 기도합시다. 건강히 잘 지내요"라는 말을 덧붙이며 전화를 끊었다. 하지만 이제 그 어느 곳도 안전지대가 없다. 한국에서 마스크를 구하기 힘들다는 이야기를 듣고 아는 지인들에게 마스크라도 보낼까 하는 생각으로 마트를 갔는데 정말 깜짝 놀랐다. 왜냐하면 마트 어디에도 마스크가 보이지 않았기 때문이다. 교회 어르신들이 생각나 그들을 위해서라도 마스크를 구해야겠다는 마음으로 여섯 곳을 3시간가량 돌아다녔지만 결국 마스크 한 장을 살 수가 없었다. 그러자 내 마음이 요동치기 시작했다.

"마스크를 못 구하면 어떡하지? 정말 심각하구나!"

"모든 지킬 만한 것 중에 더욱 네 마음을 지키라 생명의 근원이 이에서 남이니라"(잠 4:23).

잠언 4장 23절 말씀을 병원에 심방 갈 때마다 전했는데 막상 나는 마스크를 구하지 못하는 상황에서조차 마음을 지키지 못한 채 요동하고 있었던 것이다.

"목사님, 마스크뿐만이 아니에요. 쌀, 물, 화장지, 소독제 등 생필품도 마트가 문을 열자마자 동이 나요."

걱정되는 마음에 교회 리더에게 전화를 했더니 이미 알고 있는 듯, 마스크가 없는 상황보다 더 심각한 상황을 말해 주었다. 어떤 상황 속에서도 성도들과 소통, 공감하기 위해 무엇인가 해야겠다는 마음으로 백방으로 알아보았다. 다행히 가장 먼저 마스크를 다량으로 살 수 있는 길이 열려 성도들에게 나누고, 이웃 교회와 육로가 없어 비행기를 이용하지 않고는 갈 수 없는 곳에서 일하는 성도들에게도 보냈다.

손소독제 판매 수량을 제한하여 1인당 2개씩 판매할 때 몇몇 교회 리더들이 따로따로 구매하여 면역력이 약한 어르신들과 기저질환이 있는 분들에게 나누어 주었다. 여선교회의 헌신의 손길을 통해 빵과 찹쌀 도넛, 시루떡, 백설기 등의 간식을 준비해서, 자가 격리 중인 성도님들의 가정에 방문하여 간식과 지역 신문과 크리스천 신문을 현관문에 걸어 놓는 일을 한 주도 거르지 않고 했다. 교회 단톡방에 매일매일 말씀을 보내 공감을 형성했고 한 걸음 더 나아가 자가 격리하며 보내는 시간에 온 가족이 함께하는 데 좀 도움이 되었으면 하는 마음으로 신약성경 퍼즐과 신, 구약 인물 퍼즐 그리고 구약성경 퍼즐을 준비해 매주 나누었다.

고난 주간에는 특별 영상을 매일 만들어 성도님들이 교회 구석

구석을 그리워하는 마음을 나누려고 성전, 친교실, 2층 도서실, 교회 주차장까지 촬영해서 단톡방과 페북에 올렸으며, 수요 예배 영상과 금요 예배 영상을 준비해 단톡방과 페북과 유튜브에 올려 나누었다. 그것으로 멈추지 않고 시편 릴레이 쓰기를 시작했다. 쓰고 나서 단톡방에 올리고 다음 쓸 사람을 지명하여 이어갔더니 정말 보통 때 같으면 안 할 것 같은 성도들도 동참했다. 그 모습에 감사와 감동이 일어났다. 이 또한 훗날에 간증과 우리의 이야기가 될 줄 믿는다. 정말 하나님의 일하심은 인간의 생각과 상상을 초월해 나눔이 복되게 하시고 세상 지식과 경험이 아닌 하나님의 지혜로 놀랍게 역사하심을 바라보게 하신다.

루마니아 공산 치하에서 인권과 자유를 외치다가 박해를 받아 14년간 투옥되었으며 「하나님의 지하운동」이라는 책을 쓴 리처드 범브란트Richard Wurmbrand 목사는 성경에 '두려워 말라'는 말씀이 366번 기록되어 있음을 발견했다. 그리고 이 사실을 하나님이 365일 하루도 빠짐없이 지켜 주신다는 언약의 말씀으로 깨달은 후에 원망이 감사로 바뀌어 기쁨으로 감옥생활을 했다고 한다.

코로나19 바이러스가 멈출 것 같지 않은 상황에서 사람들은 점점 불안한 마음에 쫓기고 있다. 그러나 지금은 환경과 질병을 보거나, 사람과 현실을 보거나, 매스컴을 통해 흘러나오는 세상의 소리에 하나님의 말씀이 가려질 것이 아니라 우리의 마음과 믿음을 보여야 할 때다.

지금까지 아무 불편함 없이 모여 예배를 드릴 수 있었던 것, 마음에 거리낌 없이 사람들을 만나고 어디든지 갈 수 있었던 것, 생필품을 마음껏 사용하던 것을 비롯해 평범한 일상에서 감사하지 못했던 것들이 얼마나 많았는지 헤아려 보아야 한다. 그리고 그것이 당연한 것이 아니라 하나님의 은혜로 주어지는 것임을 깨닫게 하심에 더 큰 감사를 해야 한다. 고난의 때에 샬롬(평안)의 회복이 라파(치유)의 길이라는 것을 마음 판에 새기며 위기를 기회로 삼을 수 있는 성숙한 신앙을 가지기를 소망한다.

때문에가 아니라 덕분에

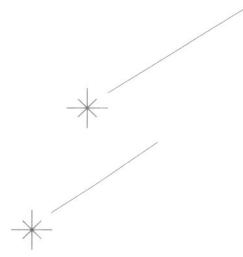

지난 8월 중순부터 9월 초까지 코로나19가 아니라 때아닌 다람쥐와의 싸움으로 많은 스트레스를 받았다. 5년째 사는 우리 집은 큰길 앞에 있는 아주 오래된 렌치Ranch 스타일 듀플렉스 집인데 옆집까지 관리하는 조건으로 렌트비를 약간 싸게 내서 살고 있다. 그런데 옆집 천장에 다람쥐가 들어가 밤낮을 가리지 않고 소리를 내서 그 소리 때문에 항의가 들어왔다. 다람쥐가 어디로 들어갔는지 찾기 위해 집 밖을 살펴보니 오래된 집이라서 그런지 집 외벽에 크고 작은 구멍들이 많았다. 그래서 어떻게 하면 다람쥐를 내쫓을 수 있을지 전문적으로 일을 하는 사업체에 전호로 문의를 하니 지금 시즌은 벌집을 없애느라 2주 후에나 스케줄이 가능하단다. 게다가 다람쥐를 잡아 죽이는 것이 아니라 다른 곳으로 옮겨야 하기 때문에 그 비용 또한 만만치 않다는 것이다.

그래서 일단은 핸디 맨Handyman(간단한 수리를 해주는 사람) 일을 하시는 이웃 교회 장로님에게 부탁해 외벽에 난 구멍을 모두 막고 2-3일을 지켜보기로 했는데, 바로 그다음 날 또 소리가 난다는 연락이 왔다. 시간을 내어 뒤뜰에서 옆집을 바라보니 다람쥐가 지붕에 있는 환기통으로 들어가는 것이 보였다. 그래서 지붕에 올라가 환기통을 열어 보니 원래 환기통은 철망이 있고 그 위에 뚜껑이 덮어져 있는데 환기통 안의 철망이 낡아 반쯤 열려 있었다. 원인을 찾았으니 바로 조치할 수 있었다. 그랬더니 다람쥐가 마치 시위라도 하듯이 집 앞에 있는 소나무에 올라가 솔방울을 마구 따서 떨어뜨리는 것이었다. 자기 집을 막았기에 그럴 수도 있다고 생각해 그러다 말겠지 했는데 옆집에서 또 소리가 난다는 것이다. 다람쥐 때문에 많은 시간을 빼앗기는 상황이 되자 스트레스가 차올랐다. 이번에는 아내가 바깥을 살피는 중에 우리가 사는 집 쪽 처마 밑으로 다람쥐가 들어가는 것을 발견했다. 결국 우리가 사는 집 쪽 처마까지 공사를 하고 이제는 됐다 싶었는데 또 새로 공사한 외벽 나무에 구멍을 뚫고 들어갔다. 결국 나는 화를 참지 못하고 소나무에서 솔방울을 따는 다람쥐에게 큰소리를 쳤다. (큰소리는 알아서 상상하시길!)

　이 답답한 사연을 성도님들에게 이야기했더니 한 권사님이 토끼를 잡는 망을 가져와 안에 먹이를 넣고 소나무 아래 두었다. 놀랍게 다람쥐는 이틀 만에 잡혔다. 그 다람쥐가 다시는 돌아오지 않기를 바라는 마음으로 집에서 10분 떨어진 공원에 가서 풀어주었다. 다람쥐 때문에 우리 집과 교회까지 떠들썩해진 사건이었다.

　이 일을 겪으면서 하나님의 형상대로 지음 받은 아담과 하와를 생각해 보았다. 에덴동산에서 모든 것을 허락하셨지만 결국 뱀의

미혹에 넘어가 딱 한 가지 금하신 선악을 알게 하는 나무의 열매를 먹은 아담과 하와에게 하나님께서 말씀하셨다.

"아담아, 내가 먹지 말라 명한 그 나무 열대를 네가 먹었느냐?"

아담이 대답했다.

"하나님께서 주셔서 나와 함께 있게 하신 여자가 나무 열매를 내게 주어서 내가 먹었나이다."

그러자 하나님이 하와에게 물으셨다.

"네가 어찌하여 이렇게 하였느냐?"

하와가 대답했다.

"뱀이 나를 꾀어서 내가 먹었나이다."

아담은 하와 때문이라고, 하와는 뱀 때문이라고 변명하다가 결국 에덴동산에서 쫓겨나 평생 땀을 흘리고 수고하며 살다가 죽을 수밖에 없는 존재가 되었다.

반면에 요나는 큰 성읍인 니느웨에 가서 말씀을 선포하라는 하나님 명령을 피해 욥바에 가서 다시스로 도망가려고 하였다. 요나가 탄 배가 바다 한가운데에 이르자 큰바람과 폭풍이 일어나 배가 침몰할 위기에 처했다. 요나는 이 풍랑이 자신의 불순종으로 인한 것임을 깨달아 함께 배에 탄 사람들에게 말했다.

"여러분, 큰 폭풍을 만난 것은 나의 불순종 때문이니 나를 바다에 던지십시오."

사람들이 요나를 던지자 바다가 곧 잠잠해졌다. 요나가 '나 때문'이라고 인정한 '덕분에' 많은 사람이 살 수 있게 되었던 것처럼, 삶의 문제에서 '나 때문'이라는 것을 깨달을 때 어떤 상황이나 환경은 별로 문제가 되지 않는다.

일본 재계의 신이라고까지 불렸던 유명한 고 마쓰시타 고노스케 회장은 '때문에'라는 말보다 '덕분에'라는 말을 잘 사용했다고 한다. 한 신문기자가 물었다.

"회장님이 이렇게 성공할 수 있었던 이유가 무엇입니까?"

그는 이렇게 대답했다.

"하나님께서 나에게 주신 3가지 은혜 덕분입니다."

첫째는, 어린 시절 매우 가난했지만 '가난 때문에'라고 탓하지 않았고 오히려 '가난 덕분에' 어릴 적부터 구두닦이, 신문팔이 같은 고생을 통해 인생을 살아가는 방법을 배워, 부자가 된 후에도 평생 근검절약할 줄 알게 되었다고 한다. 둘째는, 태어났을 때부터 몸이 몹시 약했지만 '몸이 약한 것 때문에'라는 핑계를 대지 않고 오히려 '몸이 약한 덕분에' 항상 운동에 힘써 건강을 유지할 수 있어서 95세가 넘도록 장수할 수 있었다고 한다. 셋째는, 초등학교도 제대로 졸업하지 못했지만 '배우지 못했기 때문에'라고 탓하지 않았고 '배우지 못한 덕분에' 평생 공부에 남들보다 더 많이 관심을 두고 한 자라도 더 배우려고 노력을 하였으며, 모든 사람을 다 나의 스승으로 여기고 누구에게나 물어가며 배우는 일에 게을리하지 않았다고 한다. 그는 이 세 가지의 부족함이 하나님이 자신에게 주신 선물이라고 말했다. '때문에' 아니라 '덕분에'라는 말을 사용하는 마쓰시타 고노스케는 많은 사람에게 영향력을 미치는 인물이 됐다.

2020년 코로나19로 헌신하는 의료진들에게 감사하는 마음으로 시작한 '#덕분에 챌린지'는 사람들에게 감동을 주어 많은 사람이 참여했다. 국민은 의료진들에게 수어手語로 '즌경합니다'라는 표현을, 의료진은 국민에게 '감사합니다'라는 표현을 SNS에 게시했다. 그 게시물을 본 많은 사람이 각자의 개인 SNS로 동참하는 것을 보았다. 문제가 생기면 남 탓, 환경 탓, 날씨 탓을 하는 게 인지상정이다. '당신 때문에'라는 원망이 섞인 말 대신 '당신 덕분에'라는 말을 쓸 수 있도록 유도한 이 캠페인은 선한 영향력을 끼쳤다. 나 또한 처음에는 많은 시간과 돈이 들어 스트레스 받았던 '다람쥐 때문에'라는 마음을 이제는 '다람쥐 덕분에' 집 외곽 전체를 수리하게 되어 기쁘고 감사하는 마음으로 전환했더니 놀랍게 마음에 평강이 찾아왔다.

  '덕분에'는 정말 선한 영향력을 만들어 내는 놀라운 말이다.

신앙의 미세먼지

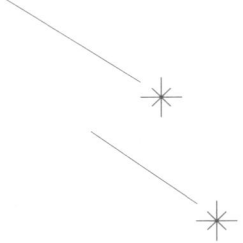

추운 겨울이 지나고 나면 따스한 봄이 찾아온다. 그런데 봄은 언제부터인가 회색빛 세상을 만들어 버리는 반갑지 않은 손님과 함께 온다. 얼마 전 KBS 뉴스에서 앵커가 "파란 하늘, 맑은 공기가 뉴스가 되는 시대입니다"라는 멘트로 뉴스를 시작하는 것을 보았다. 사람들은 연례행사처럼 찾아오는 모래바람인 황사와 인체에 치명적인 중금속 입자들에 의한 오염된 공기 즉 미세먼지의 공포로 온몸과 마음이 닫혀 가고 있다. 정부와 환경단체들로부터 미세먼지 농도를 매스컴을 통해 듣는 것이 일상이 되었고, 외출하는 사람들은 남녀노소 할 것 없이 마스크를 착용케 했다. 학교에서는 공기 청정기를 사용했더니 미세먼지가 절반 정도로 줄어들었는데 엉뚱하게도 이산화탄소 농도가 높아져 졸림과 집중력 저하, 두통을 유발할 수 있다는 결과가 나왔다. 또 국제 의학 학술지인 랜싯The Lancet에 보고된 논문에서는 미세먼지를 고혈압, 흡연, 당뇨, 비만 다음가는 사망위험요인으로 뽑아 시민들에게 미세먼지의 심각성을 일깨워 주고 건강을 대비하게 했다.

아주대 장재연 교수(환경운동연합 공동대표)가 지난 3월 6일 〈한겨레21〉과 미세먼지에 관해 이야기를 나눈 기사를 읽었다. 그는 "온실가스 배출량이 세계 최고인 한국에서 깨끗한 공기는 욕심"이라며 "미세먼지 앞에 인간은 평등했다. 마치 군대 같았다. 아무리 재산이 많고, 학력이 높아도 피할 수 없다. 미세먼지 섞인 공기를 조금이라도 마시지 않을 방법은 없다. 폭염이 왔을 땐, 돈이 많으면 에어컨을 빵빵하게 틀어서 시원하게 지낼 수 있었다. 물이 오염됐을 땐 비싼 돈 주고 빙하 녹은 물을 마시기도 했다. 하지만 미세먼지 없는 공기를 파는 가게는 없다"라고 말했다. 결국 2016년 WHO는 세계 인구의 92% 이상이 대기오염에 영향을 받고 있다고 발표했다. 10명 중 9명은 위험에 노출돼 있다는 것이다. 그 대책은 대중교통 이용, 노후 석탄 발전소 폐쇄 등 오염원 감소뿐이라고 한다.

그런데 우리의 신앙에도 마치 눈에 보이지 않는 미세먼지처럼 영적 건강과 영적 생활에 심각한 악영향을 끼치는 신앙의 미세먼지가 있다. 부정적인 언어, 사람들에게 보이기 위해 하는 거짓과 가식과 위선적인 행동, 습관적인 거짓말, 남을 비판하고 미워하는 말, 그리고 남과 비교하며 끝도 없이 채우려는 욕심들, 즉 육신의 정욕, 안목의 정욕, 이생의 자랑과 같은 세상으로부터 온 것들이다. 그것들을 눈에 보이지 않는다고, 지금 당장 손해가 없다고 방심하고 방치하면 마치 미세먼지처럼 언젠가는 우리의 목숨을 위협하고 들어올 것이다.

우리의 영적 삶에도 영적 건강을 해치는 초미세먼지처럼 눈에 보이지 않는 오염된 게으름, 무기력, 무관심한 습관들이 있다. 이를 살피고 경계해야 한다. 이것들은 경고 장치인 마음을 무력화시킨다. 심각한 영적 질병을 유발하고 삶의 질서를 무너뜨려 버린다. 자연스럽게 삶에 침투하는 세속문화, 가치관들이 스마트폰이나 게임, 각종 매체, 오락물, 영화 등을 통해 우리를 오염시키고 중독에 빠지게 하며 결국은 죽음에 이르게 만든다.

오염된 공기인 미세먼지로부터 육체의 건강을 돌보기 위해서는 외출할 때 마스크를 착용하고 돌아와 손발을 청결히 씻고 물을 자주 마셔 몸속의 노폐물을 배출해 주는 것이 가장 중요한 예방법이다. 우리의 신앙 관리에도 이와 같은 예방법이 필요하다. 말씀과 기도로 날마다 깨어 영적 분별력을 가지고 살아야 한다. 그래야 우리의 영적 건강을 해치는 미세먼지들을 예방할 수 있다. 은혜의 소나기와 성령의 바람이 날마다 불어와 충만해야 한다. 그래야만 우리 영혼의 상쾌함을 유지할 수 있다.

이 또한 지나가리라

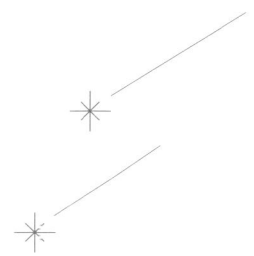

2020년을 시작할 때만 해도 참 많은 계획이 있었다. 그런데 코로나19는 남녀노소, 빈부귀천을 가리지 않고 세계 곳곳을 찾아가 한 번도 경험해 보지 못한 상황들을 만들었다. 예전에는 비정상적이었던 일들이 이제 정상이 되어 버렸다. 그중에서도 '비대면'이라는 말은 참으로 서글프게 한다. 시애틀에 사는 지인과 통화를 하며 안부를 묻고 대화를 나누던 중에 이런 말을 했다.

"예배를 드리지 못하니 건물이 별 의미가 없네요. 교회는 건물이 아니라 사람입니다. 코로나19를 통해 사람이 얼마나 귀한지를 절실히 느낍니다."

그때 깨달은 것은 '사람이 있어야 건물도 필요하다'라는 것이었다. 교회는 보이는 유형의 건물이 아니라 천하보다 귀한 한 영혼, 사람이라는 것을 새삼 가슴에 새겼다.

사람이 그립다. 성도님들이 참 많이 보고 싶다. 만남이 축복이 되고, 더 열심히 소통하며, 더욱더 사랑하는 세상이 됐으면 좋겠다. 가뜩이나 외로운 이민자들의 삶에 찾아온 비대면 상황은 더 서글프게 느껴진다. 이민자의 삶의 희로애락을 함께 나눌 수 있다는 것이 얼마나 복된 일이었는지 코로나19를 통해 알게 됐다. 하루속히 만나 웃음꽃과 이야기꽃과 기쁨이 흘러넘치는 그날이 빨리 왔으면 좋겠다는 소망으로 가득 찼다. 다행히 코로나로 억눌렸던 알래스카 관광이 조심스럽게 열리기 시작했다.

그즈음 여름, 주일의 모든 일과를 마치고 집에 와서 쉬고 있는데 캘거리의 한 목회자로부터 메일이 왔다. 급하게 통화하고 싶다는 내용이어서 연락해 보니 캄보디아에서 사역하시는 김창영 선교사님의 첫째 아들 김성수 형제가 알래스카에 선교팀 스태프로 봉사를 왔다가 코로나에 걸려 폐렴까지 갔는데도 병원에서 집에 있으라고 해서 도움이 필요하다는 것이었다.

주소를 받고 보니 내가 사는 앵커리지에서 차로 2시간 30분 떨어진 솔닷나라는 작은 도시였다. 김창영 선교사님은 염치불문하고 아들에게 김치찌개와 동치미, 생선 등 여러 가지 음식과 민간요법으로 폐를 치료하는 데 필요한 강황 가루 등을 요청했다.

손님이 와 있었지만 밤새 고민 끝에 다녀오기로 마음먹었다. 왜냐하면 성수 형제가 작은아들 태영이와 같은 나이이고, 우리 가족은 이미 큰아들을 잃는 슬픔을 경험한 터라 남의 이야기처럼 들리지 않았기 때문이다. 그래서 집에서 김치찌개를 끓이고 소불고기와 돼지불고기, 각종 반찬과 강황 캡슐, 강황 가루, 강황 젤리 등을 잔뜩 준비해 솔닷나로 달려갔다. 달리는 차 안에서 나는 동행한 아내에게 질문을 했다.

"왜 많고 많은 사람 중에 우리가 뽑혔을까?"

"잘 모르겠지만, 하나님 보시기에 우리가 미루지 않고 바로 갈 것 같아서 맡기시지 않았을까요?"

아내의 대답을 듣고 보니, 그저 감사한 마음이 들었다. 내 자식이라 생각하면 당연히 먼 길도 마다하지 않았을 것이다. 주님 안에서 우리는 한 형제자매다. 아버지 되신 하나님의 마음이 내 마음에 임했음을 알 수 있었고 그래서 더 감사했다.

솔닷나에 가서 성수 형제를 만나 보니 마음이 놓였다. 어제보다 더 좋아졌다고 하니 기뻤다. 왕복 6시간을 운전하면서도 몸은 피곤했지만 마음은 기뻤다. 주님이 맡겨 주신 일에 "해야 할 일을 한 것뿐입니다"라고 말할 수 있을 것 같았다.

"생면부지의 목사님께 저희가 심적으로나 물리적으로 심려를 끼쳐 드려 너무 죄송하고 감사한 마음뿐입니다. 저희 마음을 헤아려 주셔서 몸 둘 바를 모르겠습니다. 하나님께서 이 섬김을 기억해 주시기를 원하고 저희도 선교지에서 갚으며 살아가겠습니다."

김창영 선교사님께서 카톡으로 보내온 메시지를 보고, 지난주 설교인 '삶으로 보여 주라'가 생각났다. 내 설교가 입술로만 외치는 허공의 메아리가 아니라 작은 실천으로 열매 맺음에 감사했다.

성수 형제는 몸이 좀 좋아져서 목요일 밤에 워싱턴 DC로 돌아갔다. 김창영 선교사님은 가난한 선교사의 삶을 함께 경험하며 절대로 목회자의 길을 가지 않겠다던 아들이 이번 일이 터닝 포인트가 되어 신학교에 가겠다고 고백했다며, 주님의 마음으로 기도해 주심에 감사를 전해왔다.

코로나로 인해 너무나 많은 사람이 사랑하는 이들을 잃었다. 전혀 예상하지 못한 상태에서 받은 충격인지라, 그 강도는 상상을 초월하고 말로 다 표현 못 할 사연들이 넘쳐난다. 해마다 누군가에게 기억되는 날이 너무 아픈 사랑과 사연 가득한 날일지라도, 다른 누군가와 함께 기억할 수 있었으면 좋겠다.

'그 기간 충분히 행복했었다고…'라는 이메일 한 구절이 나에게 위로를 주었듯이, 지금 말 못 할 아픔 가운데 있는 이들을 평강의 주님께서 위로해 주시기를 소망한다. 위로와 용기를 얻기를 바라는 마음으로, 미국의 서정시인 랜터 윌슨 스미스의 시, 〈이것 또한 지나가리라This Too Shall Pass Away〉의 첫 연을 옮겨 본다.

> 큰 슬픔이 거센 강물처럼 네 삶에 밀려와
> 마음의 평화를 산산조각 내고
> 가장 소중한 것들을
> 네 눈에서 영원히 앗아갈 때면
> 네 가슴에 대고 말하라
> "이것 또한 지나가리라"

한 번도 가 보지 못한 미래에 대해 두려움을 느끼는 사람이 있는가 하면, 또 어떤 이는 미래에 대해 기대를 하는 사람도 있다. 그 이유는 어떻게, 무엇을 준비하느냐에 달려 있다. 같은 미래지만 준비된 사람에게는 기회가 되고, 준비되지 못한 사람에게는 두려움이요 재앙일 수밖에 없다. 포스트 코로나를 바라보며 준비된 자가 되기를 소망한다. 그 소망이 이루어질 것이라고 확신하는 이유는 우리 교회를 사랑하시는 성령님과 성도들 덕분이다. 믿고 기쁨으로 해나가면 반드시 주님이 주시는 회복의 은혜로 더 많은 감사와 간증 거리가 넘쳐날 줄 믿는다.

어머니, 아 나의 어머니

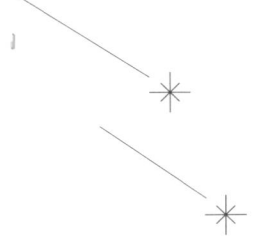

몇 달 전부터 목회자에게 주일을 준비하는 가장 바쁜 날이라 여겨지는 토요일마다 혼자 사시는 어머니 권사님(84세) 집에 가서 짧게는 30분 정도 차를 마시거나 소파에 앉아 발 마사지를 해드리기도 하고, 때로는 길게 식사도 하고, 어머니가 샤워하는 시간을 기다려 주다가 오기도 한다.

"토요일에 바쁜데 어떻게 왔어?"

그렇게 걱정되듯 말씀하시면서도 막내아들이 온 것을 기뻐하며 좋아하신다. 조금 있으면 어머니는 형들과 누나들 이야기부터 시작해서 좋았던 일과 서운했던 일을 이야기하시고, 그럼 나는 "엄마! 마음 편하신 대로 하세요"라고 언제나 말한다. 어머니 편을 들어주는 것이다. 그러면 어머니는 좋아라 하신다. 그 모습을 보며 나 또한 기쁘다.

아버님을 먼저 보내고 홀로 10여 년을 보내시며 딸자식들은 다른 곳에 살고 아들 셋이 같은 지역에 사는데 어미의 마음은 늘 안돼 보이는 자식에게 마음이 가는 것임을 잘 알고 있다. 자식으로서 어찌 부모의 마음을 다 이해할 수 있으랴마는 어머니의 사랑이 전해져 늘 가슴 한쪽이 아프다. 평소에도 자식이 보고 싶어서 전화하시면 "밥 먹었어? 피곤한데 좀 쉬어! 사랑한다' 말씀하시며 자신의 아픔도 잊고 사시는 어머니시다. 어머니의 흐릿한 사랑의 눈에 자식은 늘 피곤하고 말라 보여 좀 쉬라고 말씀하신다.

그런 어머니가 다리가 불편하여 거실에서 문을 열어 주기 위해 걸어 나오는 시간이 오래 걸려도, 입맛이 변하여 옛날과 같은 음식 맛이 아니라 할지라도 맛나게 먹어 주고 어머니를 꼭 안아 주며 "사랑합니다" 말하면 어머니는 "우리 아들! 으리 목사! 사랑한다. 다 잘 될 거야! 하나님이 도와주셔서 잘 될 거야! 내가 기도하니까 다 잘 될 거야!" 하시며 주름진 미소를 잃지 않으신다. 그 작은 어머니의 몸짓이 나를 눈물짓게 하며 더 자주는 못 와도 정해진 시간만이라도 꼭 와야겠다고 다짐한다.

시간이 흐를수록 어머님의 기다림은 더욱 간절해진다. 행여나 하는 마음에 밥솥에 밥도 가득, 국도 가득 준비해 놓고 안 기다리는 척하시며 창문을 향해 몸과 마음, 눈길을 떼지 못하시는 어머니다. 그런 어머니와 보내는 이 시간이 가장 복된 시간임을 느끼며 어머니 살아생전에 같이 밥을 먹고 대화를 나누고 손을 잡아 주고 어머님이 샤워하시는 시간을 기다려 주는 이 기쁜 일을 계속하리라 다짐해 본다. 이것이 때늦은 후회를 하지 않으려는 자식의 마음이다. 기분 탓인가? 그렇게 어머니에게 갔다 오면 주일날 설교도 잘되고,

감사하게 설교한 대로 살려고 노력하게 된다. 바쁜 시간을 나눠서 부모님의 기쁨이 되기 위해 노력하는 모습이 하나님에게도 기쁨이 되리라 믿는다.

어머님이 건강이 안 좋아 우리 집으로 들어오신 지 한 달이 지났다. 그런데 한 달을 함께 지내며 참으로 느낀 것이 많다. 치매를 겪는 어머니를 대할 때마다 날로 새롭다. 지금 막 하신 이야기는 기억도 못 하시면서 하고픈 이야기는 마치 녹음기를 틀어놓은 것처럼 반복적으로 하시는 모습에 마음이 참 많이 아파서 불효자는 운다. 오늘 아침과 낮 그리고 저녁의 말을 기억하지 못하고 생각과 마음이 변하는 모습에 좀 더 건강할 때 잘해 드리지 못한 것에 대해 아쉬움만 남는다. 그리고 거실이고 방이고 하물며 우리 방까지 불을 켜놓고 자야 한다. 왜냐하면 자다가 일어나셔서 어두우면 두려워하시기 때문이다. 그것이 마음에 걸려 이제는 모든 방마다 불을 밝혀 놓고 잠을 잔다. 잠자리에서 일어나시면 온종일 다른 자식들에게 전화 오기를 기다리다 못내 서운해하시는 모습을 지켜보면 마음이 아프다. 왜냐하면 다른 자식들이 전화를 안 한 것이 아니라 전화를 받고도 잊어버리고 기다리다가 하시는 말씀이기 때문이다.

어머님이 혼자 사시던 집을 정리하면서 구석구석에 참으로 오래전부터 귀하게 여기며 두셨던 것들은 모두 자식에 대한 그리움뿐이라는 것을 알게 된다. 아무것 하나 본인 스스로 할 수 없는 어머니를 지켜보며 머지않은 시간 뒤에 나의 모습을 그려 본다. 무엇을 움켜쥘 것인가? 결국 가지고 갈 수 있는 것이 아무것도 없지 않은가? 하물며 나는 자식에게 무엇을 기대하는가? 어머니를 잘 모시는 모습을 자식이 보고 배울 수 있다면 무엇을 바라겠는가? 다행히도 아들이 할머니에게 잘할 때 나 또한 참 기쁘다.

나는 요즘 어머니를 보며 글을 많이 쓰게 된다. 제때 밥을 주지 않는다며 언성을 높이는 어머니와 반복되는 어머니의 밥투정에 지친 아내가 언성을 높이며 싸운다.

난, 늘 아내에게 죄스러운 마음뿐이다. 작은형의 이혼으로 조카 딸 둘을 키우게 한 것도 미안하고, 목회자의 길로 들어서며 삶의 무게를 아내에게 지워 준 것도 미안하다.

난, 또 아내에게 늘 감사한 마음이다. 늘 두묵히 내 곁을 지켜 준 것도 감사한데, 늘 짐만 지워 준 남편인 나를 섬기며 신앙의 동역자로 함께해 준 것도 감사하다. 그리고 못난 남편이 지워 준 사랑의 짐들을 그저 묵묵히 감당하며 하루하루를 버티며 견뎌내듯 살아온 아내에게 늘 감사하다.

밥을 안 줬다는 투정에 이어, 이제 당신 집으로 가시겠다고 짐을 싸는 어머니와 실랑이를 벌이는 아내의 지친 모습을 바라보며 '언제까지 어머니를 모실 수 있을까?'라는 질문을 던져 보지만 대답할 길 없어 막막하기만 하다. 어머니를 요양원에 보내면 나는 어머니께서 항상 하시는 말씀이 그리워질 것 같다.

"피곤하지? 어서 자!"

"배고프지? 가서 밥 먹어!"

"돈 없지? 내 통장에서 꺼내 써."

어머니가 항상 하시는 말씀이 무슨 의미인지 알기에 불효자인 나는 또 운다. 늘 피곤한 낯빛을 어머니께 보여 드렸고, 늘 끼니를 걱정하게 했으며, 늘 재정의 곤란한 상황에서 걱정하는 모습을 보여 드렸으니, 어머니가 내려놓지 못하는 것들이 모두 자식 걱정뿐이라는 사실이 나를 괴롭게 했다.

아내에게 미안하지만 나는 여전히 어머니를 모시고픈 욕심을 부리고 있다.

"이제 할 만큼 했으니, 요양원으로 모시자."

형들과 누나들이 나를 위로하듯 하는 말들이 내 마음에 와닿지 않는다.

"할 만큼 했다고? 정말 그럴까?"

그렇게 되묻기를 반복하다 보니 괜스레 마음만 심란해진다.

어머니를 모시면서 나의 죄성이 더 드러난다. 그 죄성과 마주하며 나는 다시 주님 앞에 겸손히 무릎을 꿇을 수밖에 없다. 주의 길을 향해 떠나라 하실 때, 나는 어머니를 요양원에 모셔야 할 것을 결단해야 한다. 내가 효자여서가 아니라 그 결단이 참으로 어렵게 느껴진다. 그것은 아마도 평생 어머니의 사랑의 그늘에 있었음에 대한 빚진 마음이리라.

삶에는 연습이 없다. 한 번 지나가면 다시는 돌아올 수 없는 시간이다. 그러기에 생방송이라 말한다. NG가 나면 다시 촬영할 수 있는 드라마가 아니다. 그냥, 버티고 살아내는 것이 삶이다.

"주님! 불쌍한 종을 긍휼히 여기셔서, 어머니로 인해 주님께 불순종하는 죄를 범하지 않게 하소서. 그렇다고 어머니를 향한 자식의 마음을 무시하지 않으실 주님이라는 것을 잘 알고 믿습니다. 모든 상황, 모든 환경, 주님께 내어드리니 가장 아름다운 방법으로 주님께서 인도하소서. 예수님의 이름으로 기도드렸습니다. 아멘!"

치매 엄마를 보노라면

윤호용 지음

방과 화장실 그리고 식탁을
삶의 공간으로 하루하루를 보내는
어머니를 보노라면
소리가 외로워,
사람이 그리워
바보상자를 보고 있는 어머니가 아니라
내가 참 바보 같아
그저 죄송할 뿐이네

낮에는 항상 열려 있는
엄마의 방 앞을 지나다 보면
유효 기간 지난 여권과
전화번호가 적혀있는 낡은 수첩
그리고 휴지에 감싸인 몇 장의 사진들을
만지작거리는 모습을 보노라면
그저 가슴만 아파 온다네

어쩌다 엄마와 눈이 마주칠 때면

싱긋 웃어 주는 나를 보며
함박웃음을 짓는 엄마를 보노라면
그저 감사할 뿐이네

밤이면 닫혀 있는 방 안에서
밤낮이 바뀌어서인지
낮잠을 많이 주무신 탓인지
들려오는 작은 소리는
여행 가방을 풀었다 쌌다 하는
누나들이 사는 곳에 가고픈 마음이라

식사할 때는 항상 많다며
아들 더 먹으라고 눈짓으로 말하고
단둘이 있을 때는
항상 엄지와 검지로
동그라미를 만들며
"돈 없지"를 말해서
엄마에게 보여 주기 위해
주머니에 돈을 준비해 가지고 다니는
나의 행동이 잠시 기쁨을 주지만
지난날 오랜 세월 동안 안겨 준 게 걱정이라 죄스럽다

어쩌다 낮에 집에서 누워있으면

가누지 못하는 몸을 이끌고 내 방으로 달려와
걱정하는 어머니를 보노라면
자식이 뭐지 하는 안타까운 마음만 더해 간다.

너무나도 보고픈 마음에 멀리 있는 딸자식들
어제 왔다 간 것같이 말하고
조금 전 통화해서 자기에게 오라고 했다는데
거짓인 줄 알면서도 몸 따로 마음 따로인
어머니의 애달픈 마음이기에
그대로 인정하면서도 죄스러운 몸짓뿐이라네

같은 지역에 살면서도
보이지 않는 아들 걱정은 삼시세끼보다 더하그
미안한 마음에 과거가 현실이 되고
기쁜 마음에 현실이 미래가 된다

밤 12시에 이부자리 개고 일어나
아침 10시인 줄 알고
두 끼 식사 다하시고
저녁 10시에 밥 안 준다고
굶겨 죽이려고 작정한다며
화를 내시는 모습이 짠하다

감사하고 또 감사합니다

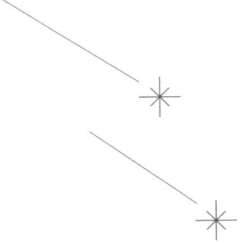

　세상 그 누구도 고통, 고난, 아픔을 원하는 사람은 없다. 하지만 삶 속에 고통이나 고난, 어려움과 문제가 없는 사람은 단 한 명도 없다. 어느 날 갑자기 원치 않는 질병이 찾아오기도 하고, 뜻하지 않은 불의의 사고를 당하기도 한다. 사업에 문제가 생기거나 직장에서 밀려나기도 한다. 때로는 믿었던 사람에게 배신을 당하기도 하고, 부부 사이에 갈등이 생기고, 자녀들이 자라면서 마음을 아프게 하기도 한다. 어떨 때는 물질로 인한 어려움을 당하고, 인간관계로 인해 너무 괴로워 삶을 포기하고 싶을 때도 있다. 그런데 정말 중요한 사실은 고통은 산 자의 몫이라는 것이다.

　2018년, 1월 26일. 말씀을 전하려고 일산에 있는 교회에 도착했는데, 교회 모습이 너무 아름다워 사진을 찍겠다고 한 걸음 뒤로 물러서다가 움푹 파인 곳에 발을 헛디뎌 그 자리에 쓰러지며 기절했다. 아무것도 기억이 나지 않았다. 잠시 후 깨어나 보니 자동차 안이었다.

말씀을 전하려던 교회의 부목사님과 장로님이 쓰러진 나를 발견하고 병원으로 가는 중이었다. 낙상 사고로 안경이 깨지면서 오른쪽 겉눈썹이 깊이 파였고 안구 뼈가 3곳이나 부러지고 오른쪽 볼이 찢어져 CT 촬영을 하고 오른쪽 겉눈썹부터 볼까지 거의 60바늘이나 꿰맸다. 안면 골절로 눈을 중심으로 3곳 뼈가 끊어져 플라스틱 뼈로 끊어진 부분을 잇는 수술을 전신 마취를 하고 3시간 30분간 하였다. 수술이 끝나고 처제가 병문안을 와서는 말했다.

"형부! 이 정도인 것에 감사하지?"

그러면서 자신이 병원에서 근무하는 곳이 암 병동인데 매일 사람들이 고통에 신음하는 모습을 보면서 자신은 늘 감사하며 살아간다는 것이다. 처제의 말 때문이 아니었다. 다쳤지만 정말 감사한 일로 가득했다. 원치 않는 불의의 사고를 당하고 고통 가운데 있지만, 그 고난을 통한 감사 거리가 이루 다 기록할 수 없을 정도로 넘쳐나 적어 본다.

어떻게 생각하면 말하기도 창피할 정도로 어처구니없게 갑자기 넘어져서 다쳤지만, 사람들이 하는 "불행 중 다행이야"라는 말처럼 사고 현장이 인적이 드문 곳이 아니라 교회 가까운 곳이었고, 예배 시간이 다 되어서 안내를 보고 있던 장로님이 쓰러진 나를 발견하고 병원으로 옮긴 것에 감사드린다.

뒤로 넘어져서 머리(뇌졸중) 다치지 않고 앞으로 넘어진 것에 감사하고, 안경이 다 깨졌는데 눈이 안 다친 것에 감사하다. 치아가 부러지지 않은 것에 감사, 많은 지인의 중보기도로 빨리 회복되게 하심 감사, 30년간 이민 생활을 하였는데 병문안 오시는 분들이 많아 외롭지 않게 하심에 감사, 한국 일정 가운데 필요한 물품을 공급해 주심에 감사, 동국대(불교) 병원 5인 병실에 입원해 복음을 전하게 하심에 감사, 이러한 상황에서 원망과 불평이 아닌 감사가 넘쳐나게 하심에 감사, 병실에서 나의 고백이 설교의 예화가 되게 하심에 감사, 하나님의 사람임을 깨닫게 하심에 무한 감사할 뿐이다.

평소에 친하게 지내던 선배 목사님이 심방을 와서 말했다.

"이제 윤 목사 조폭 전도하기 좋겠다. 얼굴에 흉터도 있고!"

목사님의 농담에 함께 웃었다. 그래, 이것이 예수 복음을 전하다 만들어진 상흔이라면, 그 자체에 감사할 뿐이다.

병원에서 퇴원하고 다시 앵커리지에 돌아와 몸이 회복되면서 또 다른 곳에 통증을 느끼며 더더욱 감사 거리가 넘쳐나기 시작했다. 사고가 나기 전에 말을 편하게 할 수 있었음에 감사했다. 왜냐하면 말할 때의 울림이 신경에 통증을 주어 사고 후에는 말을 편하게 하기 어려웠기 때문이다. 또한 이전에 음식을 먹고 씹을 수 있음에 감사했다. 치아가 흔들려 씹지 못하니 맛을 제대로 느낄 수도 없기 때문이다. 이전에 눈을 제대로 뜰 수 있음에 감사했다. 수술 후 피부 근육이 당기기 때문이다. 코로 호흡할 수 있고 콧물이 흐르고 마음껏 코를 크게 풀 수 있었던 것에 감사했다. 지금까지 아무런 불편 없이 해오던 모든 것들이 불편해졌기 때문이다. 이 모든 일을 통해 다른 이들의 아픔에 대해 생각하며 그 고통에 같은 마음을 느낄 수 있음에 감사요, 하나님의 사역 가운데 주신 고통이라, 선물이요 은혜다.

예수를 믿으면 고난이 없는 것이 아니라 이겨낼 힘을 얻게 된다. 어떠한 상황에도 원망과 불평이 아닌 감사의 이유를 찾아낸다. 바라기는 이제 얼굴에 있는 이 상처가 예수의 흔적이 되기를 소망한다. 말씀을 전하러 가다가 넘어져 다쳤음에도 병실에서 나를 찾아오는 모든 이에게 나의 감사하는 마음이 입술과 얼굴을 통해 보였기에 많은 목사님이 예배 때 간증으로 사용하신 것처럼, 나의 고통이 예수 그리스도 십자가를 증거하는 데 쓰임 받기를 원한다.

'감사하고 또 감사함으로!'

지난 17년을 돌아보며

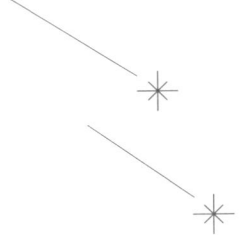

전적인 주님의 은혜로 주의 길을 가면서 교회를 개척하고 17년 3개월 만에 안식월을 가졌다. 성전 보수 공사라는 큰일을 앞에 두고 있지만 쉼을 통해 새롭게 다지는 시간이 필요했다. 지난날의 사역을 돌아보면 성도들에게 미안하면서도 감사한 마음뿐이고 하나님의 은혜가 아니면 도저히 감당할 수 없는 시간이었음을 고백하게 된다.

처음 교회를 개척하고 성도님들이 올 때 "우리 교회는 건물도 작고, 성도 수도 적지만 하나님이 허락하신 꿈이 크기에 절대 작지 않다"라고 담대히 선포했는데 시간이 지난 후에 크고 작음, 많고 적음을 나누는 것이 인간의 죄성임을 깨닫게 됐다. 하나님은 힘이 없는 나와 우리 교회를 사용하셔서 알래스카 복음화를 위해 한 걸음씩 나아가게 하셨다.

그 과정 가운데 하나님이 먼저 일하심을 체험케 하셨다. 더욱 마음을 강하고 담대하게 하여 부족한 주의 종이 믿음으로 선포하고 나아가면 주 안에서 모든 일을 가능하게 하셔서 믿음의 선포를 이뤄 주셨다.

'개척 교회는 기존 교회와 달라야 한다'라는 사역 자세를 가지고 나눠먹기식 중복 사역은 하지 않으려고 노력했다. 미국 교회를 빌려서 오후 예배드리는 것도 싫었고, 마음껏 예배드리며 교제할 수 있는 교회를 꿈꾸며 과감하게 전 재산을 들여 교회를 매입하여 개척하였다.

먼저 믿은 어른들이 싸워서 자녀들에게 상처 주는 교회가 아니라 '교회는 좋은 곳'이라는 이미지를 심어 주기 위해 힘썼으며 수요, 금요 예배 때에는 직장에서 일 끝나고 집어 들어가면 나오기 싫은 것을 알기에 예배를 드리기 전이나 끝난 후에 식사할 수 있도록 국과 밥을 준비하였다. 그리고 교회가 양적 성장을 이룰 때도 하나님은 나의 교만한 마음을 깨트리셨고, 양적 성장보다는 영적 성장을 원하시는 것이 하나님의 뜻임을 알게 하시어 '양적 성장은 영적 성숙을 이룰 때 주시는 하나님의 선물'이라는 것을 고백하게 하셨다.

앵커리지 축구 협회에서 겨울철 6개월 동안 실내 축구 리그를 했을 때, 공은 차고 싶은데 돈도 없고 소속 교회도 없는 청년들을 위해 신용 카드를 긁고, 금요 기도회가 끝난 후에 축구하는 청년들과 경기 전과 후에 경기장에서 무릎 꿇고 기도하고 응원하며 때로는 못하는 축구지만 함께 뛰기도 했다. 토요일 새벽 시간에 음식을 해 먹이면서도 감사했고, 청년들이 새벽 시간에 교회 와서 악기를 가지고 놀아도 감사했다. 익은 고구마가 될 때까지 기다리는 시간이 얼마나 귀한지 그때는 마냥 즐거웠고 피곤한 줄도 몰랐다.

개척 5년 후에 두 번째 성전을 매입할 때도 하나님은 이사야 45장 2-3절 "내가 너보다 앞서 가서 험한 곳을 평탄하게 하며 놋문을 쳐서 부수며 쇠빗장을 꺾고 네게 흑암 중의 보화와 은밀한 곳에 숨은 재물을 주어 네 이름을 부르는 자가 나 여호와 이스라엘의 하나님인 줄을 네가 알게 하리라"는 말씀을 주셨고, 우리는 하나님이 기뻐하시는 자원하는 예물을 드리며 땅 밟기를 하며 간절히 기도했다.

이웃 교회 성도님이 우리 교회 성전 매입 신문 광고를 보고 가슴이 벅차 무명으로 2주 월급을 드림으로 헌금이 모아지기 시작했고, 어떤 성도는 김치를 만들어 팔아서 건축 헌금을 했다. 청년회장은 어른들의 신앙 수준을 알고 우리가 먼저 본을 보이자 하였고, 미국 본토에서 한국에서 아는 지인들이 기쁨과 감사의 자원하는 물질을 드려 하나님은 한 치의 오차도 없이 다 이루셨다.

"네가 받은 복을 헤아려 보아라!"라는 말씀처럼 지난 17년을 돌이켜보니 너무 놀라운 하나님의 역사와 은혜가 있었다.

아름다운 교회와 많은 동역자와 도움의 손길들이 함께했다. 아들을 잃고 상실의 고통과 처절한 외로움 속에서 하나님만 붙잡고 의지하는 시간도 있었고, 그로 인해 똑같은 고통을 겪는 이들에게 희망의 메신저가 되기도 했다. 지난날을 돌이켜 받은 복을 헤아려보니 너무 감사한 나날들이다.

이제 마지막으로 내가 하나님께 원하는 것이 있다면 육체의 연한이 다할 때까지 끝까지 쓰임 받고 싶다는 것이다. 주님께서 쓰신다고 할 때 언제든 내어드리며 순종하고 싶다.

chapter 5

뉴 비전 시대,
새로운 발걸음으로 나아가다

주노 한인교회가 사라진다고요?

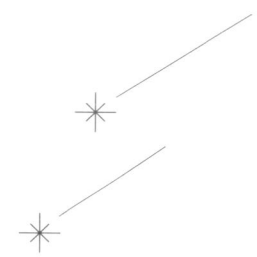

"윤 목사! 전화 통화 괜찮아?"

알래스카주의 수도인 주노Juneau에 30여 년간 살고 계신 작은 누님에게서 전화가 걸려왔다. 작은 누님은 권사 직분으로 한인교회를 섬기고 계셨다.

"네. 괜찮아요. 무슨 일 있어요?"

"그냥. 마음이 좀 안 좋아서."

"무슨 일인지 말씀해 보세요."

"월말에 우리 교회 담임 목사님이 사임하시고 텍사스로 떠나신대."

"아, 서운하시겠네요."

"담임 목사님하고 헤어지는 것도 서운하지만, 그것보다 더 마음 아픈 게 있어."

나는 작은 누님을 더 마음 아프게 하는 것이 무엇인지 궁금했다. 작은 누님의 말을 요약하면, 담임목사님이 계신 동안에는 한인교회가 유지됐는데, 이제 담임 목사님이 은퇴하시면 한인교회를 더 이상 유지하기 어려워 교회가 사라진다는 것이다. 교회가 사라질 것을 생각하니 마음이 아프다는 얘기였다.

나도 이민 초창기에 주노에서 1년 6개월 정도 살았기에 주노의 상황을 잘 알고 있었다. 50여 명의 한인 중 12명의 교인이 미국 교회를 빌려 주일 오후에 예배를 드렸다. 당연히 재정적 어려움이 컸다. 지금까지는 목사님과 사모님이 일하시면서 사역을 감당하셨는데 이제 떠나면 새로운 목사님을 모셔 오기가 쉽지 않은 상황이다.

코로나19 팬데믹 상황에 많은 작은 교회들이 문을 닫는 현실 속에서 교회를 세운다는 것은 인간적인 판단으로는 쉽지 않은 일이다. 하지만 분명 하나님의 계획하심이 있을 것이라는 확신이 있었다. 무엇인가를 듣게 하신 것은 기도하라고 듣게 하신 것이요, 믿는 자에게는 능치 못할 일이 없다는 말씀을 믿고 하게 하시는 이도 하나님이심을 다시 선포했다. 그런데 정말 기적적인 일이 일어났다.

"목사님, 아는 지인(최영대 장로, 최문선 권사 가정)이 선교하겠다고 저에게 도움을 요청했는데, 목사님이 계속 생각나지 뭐예요. 그래서 지인이 전해 준 선교헌금과 건강식품을 목사님께 보내려고요."

시카고 지역에 있는 순복음교회에 부흥회를 간 적이 있었는데 그때 만난 이 에리카 권사, 김 유니스 집사님이었다. 주의 일을 하면서 누구에게 선교헌금을 받아 보기는 처음이라 얼떨떨했지만 귀하게 사용했다. 그런데 더 놀라운 일이 일어났다. 한 번에 끝날 줄 알았던 선교헌금이 매달 일정한 액수의 금액으로 입금된 것이다.

나는 너무 감사한 마음이 들어 알래스카의 특산품인 녹용과 차가버섯과 고사리를 선물로 보내 드렸다. 그렇게 예수님의 이름 안에서 우리의 아름다운 교제가 이어졌다.

그러던 어느 날, 늦은 저녁 시간에 권사님이 다급한 목소리로 전화를 했다.

"목사님. 제 딸이 직장에서 받은 스트레스로 일을 갔다 와서 갑자기 쓰러져 몸을 가누지 못해요. 목사님밖에 생각나는 사람이 없어서 전화를 드렸어요. 목사님, 기도 좀 해주세요."

"권사님! 전화를 스피커폰으로 바꾸세요. 그리고 권사님 손을 따님의 몸에 얹으세요."

"네. 얹었습니다."

"기도하겠습니다. 시공간을 초월하셔서 어느 곳에나 존재하시는 무소부재의 하나님이시요, 치유의 하나님을 붙들고 간절히 기도합니다. 예수의 보혈로 따님을 덮으시고, 손을 얹은즉 나음을 입으리라 하신 말씀처럼 그 딸에게 사랑하는 어머니의 손을 얹었사오니 성령의 불로 강력하게 임하여 주시고 치유하여 주시옵소서!"

비록 먼 거리에 있었지만 우리는 마치 한 공간에 있는 것처럼 뜨겁게 기도했다. 그리고 다음 날, 아침 일찍 확인 전화를 드렸더니 권사님이 간증하셨다.

"어제저녁, 기도를 받고 딸이 누워 있다가 일어나서 배가 고프다고 하지 뭐예요? 그리고 목사님이 기도할 때, 몸이 뜨거워지고 나서 가벼워졌다고 감사하다고 전해 달래요."

"하나님께 영광 올려드립니다. 하나님께서 하셨습니다."

우리는 기도에 응답하신 하나님을 찬양했다.

"목사님! 감사해요. 혹시 기도 제목 있으시면 나눠 주세요. 미약하지만 중보기도로나마 제 마음을 보태겠습니다."

"잘됐네요. 지금 주노 한인교회를 담임하셨던 목사님이 은퇴하셔서 주노의 한인교회가 사라지게 될 위기에 처해 있습니다. 주노 한인교회 개척을 놓고 기도하고 있습니다. 중보기도 부탁드릴게요."

"어머! 세상에, 제가 대부도에 땅이 있는데 팔려고 내놓았거든요. 팔리면 알래스카에 하나님의 전을 건축하는 데 쓰겠다고 서원하며 기도하고 있었어요."

권사님의 이야기를 듣고 나는 속으로 놀랐다. 나는 아무런 계획이 없었는데 하나님께서 먼저 일하고 계셨다는 것을 깨닫는 시간이었다. 일을 만드시고, 그 일을 성취하시는 하나님이셨다. 할렐루야!

은퇴 후에 어디에 머물 것인가?

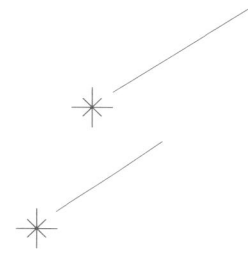

　오래전에 40년 목회하시며 큰 부흥과 성전 건축을 이루고 은퇴하신 목사님의 간증을 들은 적이 있다. 그 목사님은 은퇴 이후 여기저기서 후배 목사들의 초청을 받아 집회를 했는데 그때마다 자신의 사역에 대해 "내가 40년 목회하고 큰 교회를 건축하고 양적 성장을 이루었노라"라며 간증하셨다고 한다. 그러던 어느 날 또 다른 교회에서 집회에 초청을 받아 말씀을 마치고 나오는데 주님의 음성이 들렸다고 한다.

　"너는 40년과 성도 수 그리고 성전 건축을 자랑하는데 난 너의 사역 연수를 4년밖에 계수할 수 없구나."

　하나님의 음성에 화들짝 놀란 은퇴 목사님은 바로 그 자리에서 무릎을 꿇고 회개하면서 이제라도 교회가 없는 오지에 가서 교회를 세우겠노라 서원했다고 한다. 그 후로 목사님은 알래스카에 와서 육로가 없는 작은 도시인 코츠뷰Kotzebue, 베로Earrow, 키나이Kenai, 코디악Kodiak, 놈Nome 등에 한인교회를 세우고 목회자를 보냈는데, 문제는 교회가 제대로 세워지기도 전에 없어졌다고 한다. 그때 당시에는 그 이유가 이해되지 않았는데 지금에 와서야 겨우 깨달아지는 생각이 있다고 한다.

'육로가 없는 작은 도시에 교회를 세우는 것까지는 잘 감당했는데, 세운 교회가 자립할 수 있도록 기도로, 물질로 도와주는 역할을 감당하지 못해 목회자가 가서 사역하다가 문을 닫고 나오는 일들이 생긴 거야.'

나는 은퇴 목사님의 깨달음에 대한 고백이 마치 하나님께서 나에게 던져 주시는 메시지 같았다. 단순히 교회를 세우는 데만 연연하지 말고, 끝까지 부흥되도록 물심양면 도와야 한다는 것을 말씀해 주시는 것 같았다.

은혜와 평강 순복음교회가 알래스카의 가장 큰 도시인 앵커리지에 세워졌을 때, 나는 우리 교회가 알래스카의 작은 도시를 품어야 하는 사명이 있음을 선포했다. 그런데 지금 주노에 한인 지교회를 세울 기회가 온 것이다. 나는 이제 드디어 이 사역을 감당할 때가 되었음을 믿었다. 그리고 은퇴하기 전에 지금부터 하나씩 세워 나간다면 은퇴 후에도 사도 바울처럼 선교여행을 다니며 제2의 사역을 펼칠 수 있겠다는 확신이 들었다.

나는 본 교회에 리더들과 먼저 상의를 하고 기도 제목을 나누었다. 그리고 주노 한인교회를 세우는 거룩한 숙제를 안고 한국에 나갔다. 사람이나 환경을 바라보지 않고 물질이나 예비하신 사역자에 대한 부담도 덜고 그저 순종하는 마음으로 사실 그대로만 전했다.

주노 한인교회에 보낼 사역자는 내가 결정할 수 있는 문제가 아니라 성령님께서 결정하시고 일하셔야 할 일이었다. 그렇게 생각하니 내 마음에 평강이 임했다.

대신 나는 주노 한인교회에 대한 비전을 나눈 모든 사람을 기록하였다. 왜냐하면 함께 하나님의 교회를 세우는 동역자들이요 사업체요 교회들이기 때문이었다. 내 이야기를 듣는 거의 모든 사람이 기뻐하며 함께할 것을 약속해 주었다. 그래서 더더욱 담대히 이야기할 수 있었고 내 마음의 확신은 날로 커져 내가 한 것이 아니라 모든 것이 은혜였고 은혜로 진행되고 있음을 고백하게 되었다.

나는 한 사람이 다 하는 것보다는 여러 사람이 하나님의 교회를 세우는 일에 동참하기를 원했다. 왜냐하면 분명 주님 앞에 설 때 수고한 모든 분에게 예비되어 있는 칭찬과 상급이 있음을 믿었기 때문이다.

한국에서 자가 격리하는 동안 성령님이 먼저 일하셔서 돌아올 때 또 다른 많은 간증을 갖게 하셨고 나눌 것이 있게 하셨다. 우리에게 날마다 새로운 간증을 주시고 감사와 찬송이 넘쳐나게 하셔서 삶의 고비마다 이기게 하시는 하나님을 찬양했다. 신실하신 하나님께 영광을 올려드린다.

주노 한인교회를 향한 하나님의 예비하심

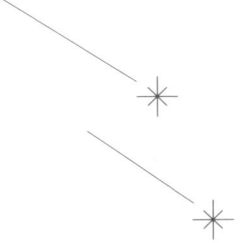

6월 12일 토요일. 하나님의 예비하심이 있기에 그저 믿음으로 순종하며 비행기를 타고 알래스카의 수도인 주노로 발걸음을 옮겼다. 출발하기 전에 온수 보일러가 고장 나 찬물로 샤워를 하고 공항에 왔다. 비행기를 탈 수 있을까 싶을 정도로 많은 사람이 줄을 선 채 기다리고 있었다. 이럴 때마다 미리미리 준비하지 못한 지난 행동을 후회하게 된다. 그리고 버릇처럼 일어나지도 않을 일들을 근심 걱정으로 키워나간다.

'만약에 비행기를 못 타면 어떻게 해야 하나? 짐은 부치지 못하더라도 나만 가야 하나?'

참, 못된 습관이다. 걱정하고 염려하는 대신 기도하라고 설교할 때 그렇게 선포하면서도 정작 그러지 못하고 있는 나 자신을 발견하니 쓸쓸한 웃음이 나왔다. 어렵게 짐을 부치고 비행 출발 10분 전에 게이트 가까이에 왔을 때 공항에서 일식집을 경영하시는 이웃 교회 김정대 장로님이 가게에 계셔서서 인사를 나누었다.

"목사님 이거, 비행기에서 드세요."

김정대 장로님이 내민 건, 잘 포장된 스시롤 도시락 두 개였다. 정말 짧은 시간에 아무런 계획 없이 일어난 일이었지만 장로님의 순수한 마음의 배려임을 알 수 있었다. 주의 종이라는 이유 하나로, 예수를 믿는다는 이유 하나로 이런 귀한 대접을 받으니 감사가 넘쳤다. 사실 아침도 안 먹고 양송이 컵 수프를 타 마시고 나와서 배가 출출하던 때라 더 반가운 섬김이었다. 그 섬김으로 찬물로 샤워하며 싸늘했던 기분도, 긴 줄로 불안했던 마음도 일시에 날아가며 따듯한 위로로 채워졌다. 덕분에 긴장했던 몸과 마음도 가벼워졌다.

오늘따라 비행기에서 바라본 설경이 더 아름답게 보였다. 어떤 이는 한 번도 보지 못할 아름다운 자연을 마음껏 볼 수 있는 광활한 알래스카에 살게 하신 것이 정말 큰 축복이고 행복임을 다시 한번 감사드렸다. 그리고 예수쟁이로 복음에 미쳐 수시로 몸을 비행기에 싣고 전 세계를 누비고 다녀도 지치지 않게 하심에 감사를 드렸다. 감사가 넘치는 상념에 젖어 있다 보니 어느새 주노에 도착했다.

작은 누님 집에 짐을 풀고, 바로 교회 리더들을 만나 점심을 먹으며 이야기를 나누었다.

"목사님! 사역을 준비하는 한 달여 동안 정말 놀라운 하나님의 예비하심을 체험할 수 있었어요."

식사가 나오기도 전에 리더들의 간증이 이어졌다. 예배를 위해 미국 교회 렌트 문제와 차량 문제, 그리고 우체통과 재정과 새로 오실 목사님이 거주할 아파트에 관한 이야기 등 교회 행정 전반에 관한 문제들을 얘기하면서 리더들의 걱정과 달리 마음에 흡족할 정도로 하나님께서 모두 채우셨다는 간증이었다. 나는 교회 리더들의 간증을 듣는 내내 '여호와 이레! 주님을 찬양합니다' 마음속으로 외치며 하나님을 찬양했다.

점심을 먹고, 내일 주일 예배를 드릴 미국 교회에 가 보았다. 미국 교회에 다니는 자매님 두 분이 잔디를 깎고 있었다. 토요일 오후, 주일을 준비하며 땀을 흘리며 일하는 두 자매님의 모습이 아름다웠다. 그들과 잠시 이야기를 하고 싶어 대화를 나누는데 모기가 사방으로 공격해 왔다. 나는 모기를 피해, 도망치듯 누님 집으로 돌아왔다.

"교회는 괜찮아? 요즘 많이들 힘들다고 하던데?"

매형이 교회와 나의 건강, 재정에 대한 안부를 물어왔다. 누님과 큰 집에서 단둘이 보내던 단조로운 삶에 막내처남이 오랜만에 방문하니 엄청 반가운 듯, 평상시에 말이 없던 매형이 말이 많아졌다. 나 역시 매형과의 수다가 즐거웠다. 그러면서 동시에 이민 생활의 외로움과 고단함을 지금까지 잘 버텨낸 두 분에게 박수를 보내고 싶었다. 이민자들의 마음은 이민자들이 가장 잘 알 수 있다. 타국에서 이민자의 삶은 버티고 견뎌야 할 일들이 정말 많다. 그리고 눈에 보이지 않는 소외감과 고향에 대한 그리움이 늘 마음속 깊이 존재한다. 그것은 곧 외로움으로 이어진다.

이민자들의 마음을 가장 잘 이해해 줄 수 있는 연대감으로 뭉칠 수 있는 곳이 바로 교회다. 그러므로 한인 지교회가 세워지고 유지

되는 것은 그 지역 사람들에게는 너무 중요한 삶의 문제로 직결된다. 게다가 예배를 통해 하나님을 찬양하고, 주 안에서 형제자매가 되는 유대감은 이민자들에게 꼭 필요한 것이다. 그런 의미에서 사라질 위기에 있던 주노 한인 지교회가 다시 세워진다는 것은 예배에 참석하는 인원과 상관없이 정말 중요한 일이다. 그리고 하나님께서 기뻐하실 일이라고 확신한다.

주노 한인 지교회가 이민 생활에 지친 영혼들을 주님 안에서 하나로 묶어 주는 아주 중요한 중심축이 되기를 다시 한번 간절히 소망한다.

하나님의 사랑을 믿고 실천하는
주노 한인교회가 되기를!

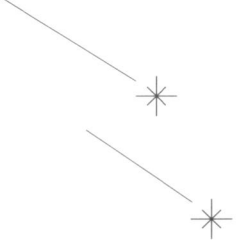

　주노 한인교회 예배 시간은 오후 1시 30분이다. 나와 작은 누님은 사람들이 도착하기 전에 교회에 미리 와서 주보를 챙기고 친교실에 테이블을 배치했다. 그런데 기분이 묘하게 설렜다. 처음 개척 교회를 할 때보다 더한 설렘이 내 마음을 간지럽혔다. 나는 설렘으로 성도들을 기다리며 한 분 한 분을 맞이했다. 그러면서 훗날 주님이 저 천국에서 우리를 맞이하며 기뻐하시는 모습을 상상해 보았다. 모든 것을 탕진하고 아버지께로 돌아오는 둘째 아들을 맞이하면서 옷을 입히고 손에 가락지를 끼우고 발에 신을 신기고 살진 송아지를 잡아 잔치를 베풀어 주며 기뻐하시는 하나님의 모습이 내 눈에 선명하게 그려졌다. 어쩌면 지금 나의 설렘이 천하보다 귀한 한 영혼이 주께로 돌아올 때 기뻐하시는 하나님의 마음이 아닐까 하는 생각도 들었다.

　"하나님은 사랑이십니다. 주노 한인교회가 하나님의 사랑을 믿고 실천하는 공동체가 되기를 축복합니다."

나는 주노 한인교회와 성도들을 축복했다. 부활의 현장에서 드리는 예배였다. 예배를 드리는 내내 내 마음 가운데 하나님의 사랑과 기쁨이 임했다. 감격스러운 예배의 시간이었다. 예배가 끝난 후, 나는 그 은혜의 감격을 더 확장시켜 나갔다. 생일을 맞으신 분들을 축복하는 시간을 가졌고, 성도님들이 준비한 애찬을 나누었다. 그리고 앵커리지에서 미리 준비한 선물 꾸러미를 나누어 주었다. 주는 기쁨과 받는 기쁨이 가득한 시간으로 채워졌다.

마무리 청소를 마치고, 나는 교회에 나오지 못한 성도님들에게 일일이 전화를 걸었다. 일종의 전화 심방이었다. 전화 통화를 하며 성도님들에게 안부를 묻는 시간도 역시 은혜로 가득한 시간이었다.

다음 날인 월요일에는 주일날 교회에 나오지 못한 안수정 자매와 오랜 친구인 최광준 형제를 아시아나 식당에서 1시에 만나 함께 식사했다. 서로의 근황을 묻고 교제를 나누며 주일 예배에 빠지지 않을 것을 다시 한번 결단했다. 짧은 시간이었지만 우리가 함께 나누었던 교제는 매우 유익했다.

그들과 헤어지자마자 은행 업무를 본 후 다시 주노 교회 지체들과 식사를 하며 담소를 나누었다. 목회를 하다 보면 식사 시간을 두 번씩 갖는 경우가 종종 생긴다. 오늘만 해도 두 번째 점심 식사 시간이다. 조금 배부르면 어떤가? 시간을 쪼개 이루어지는 믿음의 교제 가운데 하나님의 은혜가 넘쳐나는 것을. 그 은혜의 시간을 주님 안에서 잘 쪼개 써야 한다.

나는 또 발걸음을 옮겨 교회 지체들의 사업장을 방문했다. 주노

다운타운에 있는 옷 수선 가게를 방문하는데 문득 옛 생각이 떠올랐다. 아내의 옷 수선 가게에 자주 찾아오셔서 기도해 주시고 내 신앙 상담도 해주셨던 피터권 목사님! 술, 담배로 고민하는 나에게 괜찮다고 부드럽게 말씀해 주시던 목사님 덕분에 교회에 열심히 발을 내디딜 수 있었다. 그로 인해 목사 안수까지 받게 되고, 이제 내가 목사가 되어 사업장을 방문하며 기도해 주고 위로해 주며 심방을 다니고 있다. 지금 이 상황 자체가 정말 꿈처럼 느껴진다. 주노 다운타운을 시작으로 벨리Valley 지역으로 넘어와 방문할 수 있는 사업장으로 심방을 갔다. 나의 방문을 모두 반갑게 맞아주었고, 각자의 기도 제목을 나누며 주님 안에서 아름다운 교제의 시간도 가졌다. 나는 느낄 수 있었다. 이 시간을 하나님께서 얼마나 기뻐하시는지를!

주노에 와서 사역하겠다는 목사님이 세 분이 계셨다. 나는 내가 결정할 수 있는 결정권을 내려놓았다. 대신 주노의 현재 상황을 설명하고 목사님보다 사모님이 결정하도록 하겠다는 원칙을 세웠다. 왜냐하면 내가 하는 것도 인간적인 생각일 수 있고, 이민 교회는 오는 목사님만큼 중요한 것이 사모의 역할이기 때문이다. 그중에 애틀랜타에서 F-1 학생 비자로 공부하러 온 목사님 가정이 지원하여 오겠다는 결정을 하였는데, 우리가 해줄 수 있는 부분과 본인들이 감당해야 하는 부분에 대해 명확히 하고 일을 진행했다.

가장 먼저 해야 할 것은 현재 목사님의 비자를 F-1 학생 비자에서 R-1 종교 비자로 바꾸는 일이었다. 그리고 침례 신학을 하신 분이라 순복음으로 교단을 바꿔야 하는 상황이었다. 순복음 지교회를 세우는 일이어서 그 상황을 수용하는 것이 전제조건이 돼야 했다. 그리고 마지막으로, 얼마만큼 이민자의 신앙 즉 이민 목회에 관심이 있는가와 희생을 각오하고 있는가 하는 부분이었다.

나는 주노 한인교회를 지교회로 삼고 끊임없이 재정적인 지원을 하기로 했다. 하지만 모든 재정적인 지원을 하면 자립할 수 있는 힘을 갖지 못할 수 있으므로 나는 주노 한인교회 자체 헌금으로 사택비를 감당할 것을 요구했다. 그러면 나머지는 은혜와 평강 순복음교회가 다른 교회, 개인, 단체, 사업장과 연합하여 지원하는 방식으로 2년에서 3년 사이, 자립할 수 있을 때까지 돕기로 계획을 잡았다.

솔직히 주노 한인교회를 세우는 일에 대해 나는 잘 알지 못한다. 하지만 주님은 다 아신다. 그래서 믿고 순종할 뿐이다. 그리고 성령님이 하실 일을 기대하며 기도하고 기다릴 뿐이다.

드디어 이충우 목사, 이희영 사모 가정이 7월 15일 앵커리지로 오기로 했다. 그리고 다음 날인 16일 금요일에 주노로 가서 18일 주일부터 사역을 시작한다. 설레는 마음으로 성도님들과 함께 기도하며 모두가 하나님의 일하심을 보기 원한다.

성도들의 교제가 있는 풍경은 아름답다

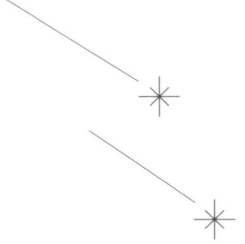

하나님의 일하심은 인간의 상상을 초월한다. 순복음 주노 한인 교회를 세우기 위한 하나님의 계획은 참으로 놀라웠다. 지난 15일 이충우 목사와 이희영 사모 그리고 자녀 이인(5살)이가 앵커리지에 도착해 우리 교회 리더들과 식사 교제를 하고, 16일 금요일에 나와 주노로 가서 성도들의 사업장 심방을 시작으로 사역을 시작하였다. 심방을 마친 후, 우리는 점심을 먹기 위해 친구가 일하는 아시아 가든으로 갔다. 각자 식사 주문을 한 후, 아직 해결되지 않은 목사님 거주지를 놓고 대화를 나누었다.

"가장 급한 것이 거주할 아파트를 구하는 것인데, 일단 먼저 알아본 원룸의 결과를 기다려 보고 결정하죠."

바로 그때 우리의 이야기를 들은 식당 사장님이 우리에게 말을 걸었다.

"거주할 곳 필요하세요? 제가 잘 아는 빌딩 매니지먼트 회사가 있는데 알아봐 드릴까요?"

여호와 이레, 하나님의 예비하심을 체험하는 순간이었다. 사장님은 회사에 전화를 바로 걸더니 방 두 개와 차고까지 있는 집을 구할 수 있도록 도와주셨다. 다시 한번 순탄케 하시는 하나님의 손길을 느낄 수 있었다. 우리는 그 자리에서 마음껏 하나님의 일하심을 자랑하고 찬양했다.

18일, 첫 주일 예배를 드리기에 앞서 앵커리지 본 교회에서 윤요한 장로가 주노 한인교회를 축복하며 함께 예배드리기 위해 주노에 왔다. 윤요한 장로를 공항에서 픽업하자마자 임마누엘 침례교회로 갔다. 임마누엘 침례교회에서 11시 예배를 함께 드리고, 그렉Greg 목사와 레리Larry 안수집사 그리고 성도님들과 자연스럽게 교제를 나누었다.

주노 한인교회의 예배는 오후 1시 30분에 드린다. 예배를 준비하며 성도님들을 맞이하였고 찬양과 경배를 시작으로 서로를 축복하는 시간을 가졌다. '겨자씨 교회'라는 제목으로 말씀을 나누었다. 작지만 그 안에 생명이 있기에 자라나는 것처럼, 자라나기 위해서는 희생이 있었던 것처럼, 자란 후에 새들이 와서 쉼을 얻는 것처럼, 순복음 주노 한인교회가 새로 부임한 이충우 목사님을 중심으로 그런 교회가 되기를 소망한다는 내용이었다. 예배 후에 성도님들이 준비한 풍성한 음식과 함께 아름다운 성도의 교제를 나누었다.

"앵커리지에 있을 때는 교인 명부에서 지울 만하면 한 번 가고 해서 목사님의 말씀이 귀에 안 들어왔는데, 주노에서 들으니까 목사님 말씀이 쏙쏙 들어와요. 아무래도 목사님 실력이 많이 느신 것 같아요."

앵커리지에서 우리 교회를 나왔던 안수정 자매의 말에 우리는 한바탕 웃었다. 성도들의 교제가 있는 풍경은 언제나 아름답다.

월요일에 자동차 보험을 들고 차량 명의 이전을 하려고 하였는데 사인을 잘못하는 바람에 일 처리가 늦어졌다. 결국 다음 날에도 우리는 주노에 머물러야 했다. 하지만 곧 우리는 모든 일을 주관하시는 하나님께서 잘못된 사인으로 인해 하루를 더 머물게 하신 이유를 알게 되었다.

"지난 12일부터 일주일째 인기척이 없고 음식 냄새가 나지 않아요. 무슨 일 있는 것 같은데…."

주노 한인교회에 나오던 김종인 집사가 사는 시니어 아파트에서 연락이 왔다.

우리는 심방 계획 등 다른 일들을 뒤로하고 시니어 아파트로 갔다. 가서 보니, 김종인 집사가 침대에서 거의 탈진한 상태로 누워 있었다. 우리는 너무 놀라서 얼른 바틀렛 지방 병원 응급실에 연락해 구급차를 불렀다. 병원에 도착하자마자 김종인 집사의 휴대전화로 한국에 있는 작은아들에게 전화를 걸었다. 다행히 아들에게 부재중 전화가 걸려와 있었고, 작은아들에게 이 상황을 그대로 알릴 수 있었다. 일단 급한 대로 주노 한인교회 성도들에게 소식을 알리며 중보기도를 요청했다.

"아직 정확한 결과는 나오지 않았지만, 폐와 간에 암이 이미 퍼진 상태로 2주를 넘기지 못할 것 같습니다."

수요일 오전 10시에 의사의 소견을 듣게 됐다. 워낙 응급한 상황이라 순복음 주노 한인교회에 중보기도를 다시 요청했다. 새롭게 시작하는 순복음 주노 한인교회는 이번 응급 상황으로 인해 기도와 소통으로 더욱 결속되고 하나가 되었다. 이 모든 것이 하나님의 놀라운 일하심이었다.

사역은 나눔에서 시작된다. 예배드림의 기쁨을 나누고 지체들의 아픔을 나누는 섬김을 통해 회복의 은혜를 체험하는 것이라 믿는다. 아무나 할 수 있는 것이 아니라 주님의 마음을 품은 자들이 주님의 시선으로 세상을 바라볼 때 주님의 생각으로 행동할 수 있다. 그런 은혜를 허락하신 하나님께 무한 감사와 영광을 올려드린다.

오로라를 보려면 인내해야 한다

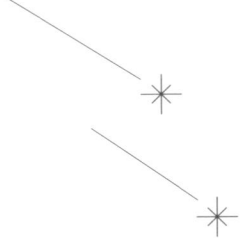

페어뱅크스 한인회 주관, '한인 문화의 밤'에 초청을 받았다.
자원하는 청년들을 모아 12월 17일 금요일 아침 8시에 출발하여 19일 주일 예배를 드리고 돌아오는 일정이 잡혔다. 찬양팀과 난타팀이 번갈아 가며 저녁 스케줄을 맞춰 연습하는 모습이 얼마나 아름다운지 분명 하나님도 기뻐하시리라 믿는다. 잘하고 못하고가 아니라 그들이 기쁨으로, 감사함으로 직장에 휴가를 내고 자원하는 과정 자체가 감사요 은혜다.

지난 10월 말 치아 치료차 페어팽크스에 갔을 때 한인회를 섬기는 장성채 한인회장이 연말 공연을 부탁할 때만 해도 바쁜 일정에 선뜻 대답을 못 했다. 하지만 이 또한 하나님께서 허락하신 복음 전파의 기회라 생각하고 자원하는 사람만 데리고 가리라 마음먹고 의견을 물었는데, 놀랍게 13명이 함께하겠다며 자원했다. 이 얼마나 감사한 일인가? 특히 19일이 성탄 감사 주일이라 선뜻 간다는 결정을 내리기가 쉽지 않았다. 하지만 분명히 하나님의 뜻이 있음을 믿기에 간다고 결정하고 일을 추진해 나갔다.

"반대할 사람, 집사님 말고도 많으니 반대를 위한 반대는 하지 마세요. 담임 목사님이 하고자 하면, 무슨 뜻이 있겠지, 믿어 주고 기도하며 따라주는 것이 리더입니다."

나는 반대를 하는 집사님에게 담대하게 선포했다. 내가 담대하게 선포할 때는 반드시 이유가 있다. 그것은 기도하면서 강력한 믿음이 내 안에 들어와 있기 때문이었다. 사람을 의지하지 않고, 오직 하나님만 의지하며 나아가기에 가능한 선포였다.

10월 페어뱅크스에 갔을 때 그곳에 오래 살며 사업을 하는 몇몇 분들과 대화를 나누면서 옛날의 신앙생활을 그리워하며 회복하기를 사모하는 모습을 보았다. 그랬기에 하나님이 원하시면 주노에 이어 페어뱅크스에도 지교회를 세우겠다고 마음먹고 있었다. 하나님이 하시면 쉽고 순적하다는 것을 체험했기에 진행하려는 상황이었다.

페어뱅크스로 떠나기 전에 교민들에게 무엇을 나눠 줄까 고민했다. 가장 좋아하는 선물은 현금이고 가장 싫어하는 선물은 마스크라는데 그래도 필수품이 된 마스크를 준비하면 좋을 것 같아 마스크를 선물로 준비했다. 그리고 또 무엇을 나눌까 생각하다 지난 주 새 가족 환영회 때 나눈 선물 중 양념통이 남아 있어 그것도 나누려고 준비했다. 사실 양념통도, 포장지도 그 누군가가 교회에서 필요하면 쓰라고 준 것인데 이것을 또 누구에겐가 나눌 생각으로 선물을 포장하게 되니, 내 안에 큰 기쁨이 넘쳐났다.

"시간과 재정을 절약하기 위해 제가 샌드위치를 준비할게요."

배승욱 안수집사가 자원해서 샌드위치를 준비한다고 하니 또한 감사했다. 내가 그 마음에 감사를 전하는데 더 감동적인 말이 돌아온다.

"이전에는 교회 일을 그냥 대충대충 했었는데 마음을 바꾸니 신경 써서 하게 되네요."

그 고백에 또 다른 은혜가 임했다. 샌드위치만으로도 풍성한데 윤 사모가 김밥까지 싸 준다고 하니 이 또한 감사할 뿐이다.

17일 페어뱅크스로 가는 길에 눈발은 날렸지만 도로 상황은 생각보다 좋았다. 7시간 운전 끝에 페어뱅크스에 도착했다. 각자 짐을 풀고, 오후 4시에 우리는 이른 저녁 만찬의 자리를 가졌다. 공연팀은 아시아나 식당에서, 윤 장로와 나는 페어뱅크스에서 섬기고 있는 네 분의 목사님과 사모님들 그리고 영사 출장소장 내외분과 함께했다. 이번에 있을 '한인 문화의 밤'에 대한 이야기가 자연스럽게 나왔고, 이번 공연에 하나님의 은혜가 임하기를 기도했다.

이른 저녁 만찬이 끝나고, 나와 청년 공연팀은 다시 우리 호텔 방에 모였다. 자연스럽게 신앙의 간증 시간이 이어졌고 알래스카의 생활 이야기들이 오고 갔다. 어느덧 3시간이 훌쩍 지나고, 우리는 밤 10시 30분 오로라Aurora를 보기 위해 페어뱅크스 스키장 근처에 있는 산에 올라갔다. 하지만 결국 오로라는 보지 못하고 페어뱅크스의 추위만 맛보았다.

"오로라를 보려면 인내해야 한다"라고 현지인들이 말하는데 우리의 신앙도 마찬가지라는 것을 깨닫는 시간이었다. 오로라도 인내해야 보듯이, 우리의 신앙생활도 인내해야 열매를 맺을 수 있다. 인내는 어떤 상황과 상관없이 끝까지 견뎌내고 버텨내는 것이다. 마치, 혹독한 페어뱅크스 추위를 끝까지 견뎌내고 인내해야 오로라를 볼 수 있는 것처럼!

어쩌면 우리를 이곳으로 공연을 오게 만드신 것은 '인내의 열매'를 깨닫게 하시기 위한 하나님의 크리스마스 선물일지도 모르겠다는 생각이 들었다. 비록 오로라를 보지는 못했지만 그럼에도 '인내의 열매'에 대한 깨달음은 잊히지 않을 듯싶다.

2박 3일의 페어뱅크스 전도 여행

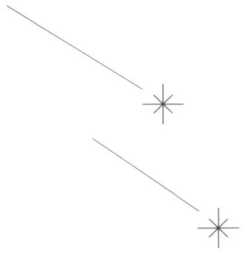

지난 1월부터 준비한 페어뱅크스 전도 여행을 3월 11일 금요일부터 13일 주일까지 10명이 자원했다. 2박 3일 전도 여행의 여정을 이 지면을 통해 짧게나마 나누려 한다.

이번 전도 여행은 처음으로 봄방학 기간으로 정했다. 앵커리지가 아니라 앞으로 지교회가 세워질 페어뱅크스 지역 땅 밟기로 큰 의미가 있었다. 더불어 우리는 러시아와 우크라이나 전쟁이 하루속히 끝나기를 바라는 마음과 난민들을 돕기 위해 기도하는 마음으로 전도 여행을 준비했다.

11일 금요일 아침 9시에 앵커리지를 출발해서 오후 5시에 페어뱅크스에 도착했다. 장성채 한인회장이 서울옥에 미리 준비해 준 저녁 식사를 하고 호텔에서 각자 짐을 푼 후에 다시 내 방으로 모였다.

"우리가 보고 들은 바를 너희에게도 전함은 너희로 우리와 사귐이 있게 하려 함이니 우리의 사귐은 아버지와 그의 아들 예수 그리스도와 더불어 누림이라"(요일 1:3).

요한일서 1장 3절의 말씀을 나누며 전도 여행팀이 페어뱅크스에 와서 사귐과 누림의 시간을 갖게 되기를 소망한다고 선포했다. 잠시 휴식을 취하고 밤 10시, 한인회관에서 컵라면과 김밥을 야식으로 먹고 페어뱅크스의 최고 관광 거리인 오로라를 보기 위해 산행을 했다. 할렐루야! 12일 새벽 0시 30분에 하나님이 전도 여행팀에게 오로라를 보게 해주셨다. 다들 기뻐하는 모습에 정말 감사했다.

12일 토요일 아침 9시부터 전도 여행을 나가 페어뱅크스 주요 사거리에서 찬양과 율동, 피켓 전도를 하며 땅 밟기를 하는데 햇볕은 비추었지만 칼바람에 1시간 이상 걸을 수가 없었다. 하지만 함께하는 지체들의 모습에 기쁨이 넘쳤고 얼굴이 해같이 빛났기에 피곤한 줄 모르고 12시 30분까지 돌았다. 그 후에 맛있는 점심을 먹고 오후에 예정된 사업장 축복의 시간을 가졌다. 식사한 서울옥과 한국 식품점, 홈타운과 아시아나 식당에서 〈평화 하나님의 평강이〉라는 찬양곡을 부르고 축복 기도를 했다. 그들의 눈물을 보았고 그들의 마음의 평안을 느낄 수 있었다.

"우리가 걸어가는 발걸음 하나하나가 하나님이 주시는 발걸음이라 눈물 날 정도로 감사했어요. 우리가 알지 못하는 일이 지금도 일어나고 있다는 사실을 깨닫게 해주셔서 너무 감사해요."

호텔로 돌아와 나눔의 시간을 가졌는데 실비아 성도의 간증이 은혜가 되었다. 또 다른 지체들의 간증이 이어졌다.

"시간이 너무 짧았어요. 준비한 것에 비해 너무 아쉬운 마음이 들었고, 앞으로 온 마음과 온 힘을 다해 살고 싶어요. 지금까지 우리가 못하고 가지지 못한 것이 아니라 최선을 다하지 못했다는 것을 깨닫게 됐어요. 이제 앞으로 후회 없이 최선을 다하는 삶을 살고 싶어요."

나눔의 시간은 은혜와 감사로 가득했다. 추운 날씨에도 불구하고 우리의 주님을 향한 마음과 한 영혼을 향한 마음은 뜨거워서 전혀 춥지 않았다. 따스한 마음으로 추위 또한 녹이는 시간이었고, 율동을 할 때 거리에서 응원하는 자동차 소리는 우리의 발걸음을 가볍게 했다. 모든 일정을 은혜로 마치게 하신 하나님께 감사와 찬송을 올려드리며 함께한 전도 여행팀과 성도들에게 감사의 마음을 전했다.

특별히 전도 여행에는 함께하지 못했지만, 차량으로, 물질로, 기도로, 후드티로 함께하는 지체들이 많았으며 페어뱅크스 지역의 브리스길라와 아굴라 부부와 같은 장성채 한인회장과 장효영 집사, 그리고 김현수 권사 Home Town와 진성철, 진영미 집사 Asiana Rest를 비롯한 많은 사람이 언제나 그랬듯이 우리의 기대 이상 섬겨 주셨고 큰 사랑을 받았다.

이번 페어뱅크스 전도 여행팀에 대한 나의 간절한 소원은 함께하는 모든 전도팀이 하나님의 앞서 일하심을 체험하는 것이었다. 나보다 나를 더 잘 아시고 우리보다 우리의 마음과 생각을 더 잘 아시는 주님이 행하실 일을 우리가 맛볼 수 있다면 얼마나 감사할까

하는 것이었는데, 너무 감사하게도 하나님께서 나의 간절한 소원에 응답하셨다.

"할렐루야!"

앞서 일하시는 하나님

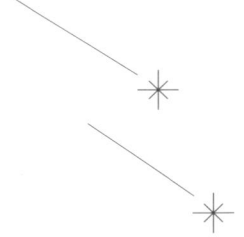

주노 지교회를 시작할 때부터 가장 앞장서서 물질로 후원해 주신 한국에서 온 권재이 안수집사, 김영란 집사와 함께 2박 3일 일정으로 페어뱅크스로 선교여행을 갔다. 관광도 시켜드릴 겸, 또 말로만 설명하기보다 직접 페어뱅크스 개척에 대한 비전과 땅 밟기 차원에서 직접 방문하는 것이 좋을 것 같아 내린 결정이었다. 항상 그랬듯이 페어뱅크스를 향하여 기대 반, 설렘 반으로 가는데 이번에도 하나님의 앞서 일하심을 체험하는 귀한 시간이었다.

페어뱅크스 한인회를 섬기시는 장성채 한인회장과 장효영Nancy 집사는 감히 말로 설명할 수 없을 정도로 항상 분에 넘치게 섬겨 주셨고, 우리보다도 더 열심히 사모하며 개척을 준비하셨다. 지난 3월 전도 여행을 가서 9월 개척을 선포하며 한걸음 내디디고 왔는데 한인회장님이 그동안 교회로 사용할 만한 건물을 찾아 발품을 팔았다. 건물에 직접 들어가 보기도 하고, 차량 문제도 어떻게든 해결하려고 백방으로 열심을 내는 모습을 보며 나는 감동했다.

페어뱅크스에 먼저 지교회가 세워질 줄 알았는데, 갑자기 베델 Bethel 사역자가 떠나면서 서 목사 가정이 베델로 올라가는 것으로 순서가 바뀌어 베델에 지교회가 먼저 세워졌다.

이번 일을 통해 다시 깨닫게 된 것은 주의 일은 내 생각, 내 계획대로 되는 것이 아니라 하나님의 뜻대로 이루어진다는 것이다. 때로는 오해받는 일이 있어도 하나님의 일은 누군가의 희생을 통해서 반드시 이루어진다는 사실을 알게 됐다.

'일 안 하는 사람이 욕을 먹는 것이 아니라 일하는 사람이 욕을 먹는다'라는 것이 소신이라 이왕이면 안 하고 게을러서 하나님의 영광을 가리는 것이 아니라 누구보다 열심히 즈겁게 일하고자 했다. 비록 사람들은 날 몰라줘도 주님은 아시기에 주님만 바라보고 강하고 담대하게 앞으로 나아가기를 소망하고 실행했다. 내 생각, 내 계획대로가 아닌 오직 하나님 뜻대로만 이루어지기를 간절히 기도하면서!

주노, 베델에 지교회를 세우고 그 뒤를 이어 9월에 페어뱅크스에 세워질 교회를 생각하면서 하나님이 여시면 닫을 자가 없고 하나님이 닫으시면 열 자가 없다는 것을 확실히 느꼈다. 이번에도 나의 계획은 다섯 걸음이라면 하나님은 다섯 걸음이 아니라 오십 걸음을 가게 하셨다. 그래서 내 생각, 계획이 아니라 항상 빈 마음으로 페어뱅크스로 향했다.

안드레 선교회의 도움으로 페어뱅크스에서 잡는 화이트 피쉬 White Fish 와 앵커리지에서 잡은 홀리건(양미리)을 물물 교환하는데,

이번에 페어뱅크스에 올라가며 무엇인가 선물을 해주고 싶은 마음에 새로 잡은 싱싱한 홀리건을 아이스박스 하나 가득 잡아다가 주었는데 그것을 가지고 지역 사람들과 나누는 모습을 보며 이것 또한 전도의 도구로 사용하면 좋겠다고 생각했다. 또 장성채 한인회장은 개척에 대한 열정으로 페어뱅크스에 세워질 교회 이름까지 생각해 두었다. 페어뱅크스 지역의 자랑인 오로라와 치나 온천Chena Hot Springs에 걸맞게 'Alaska Aurora Full Gospel Church'(알래스카 오로라 순복음교회)로 최종적으로 결정하였다.

그리고 지난해 공군훈련을 받으러 와서 선교여행에 동참했던 오키나와 순복음교회를 섬기는 이상영 집사가 이번에는 페어뱅크스로 공군훈련을 받으러 와 있어서 월요일에 만나 함께 식사하고 한인회로 옮겨 대화를 나누는데, 함께하는 모두가 페어뱅크스 지교회 개척에 관한 이야기와 각자 지난날의 신앙에 대해 열심을 내며 간증하였다.

은혜와 평강 순복음교회가 순복음 주노 한인교회를 세우게 된 계기를 나눌 때 함께한 모든 분이 머리가 쫑긋 솟고 눈물이 핑 도는 은혜로 충만한 시간을 보냈다. 그래서인가? 우리는 밤이 깊어가는 줄도 몰랐다. 나누는 은혜로운 간증 가운데 권재이 안수 집사와 김영란 집사 가정이 페어뱅크스에 세워질 지교회에도 물질로 후원하기로 결단하였다.

이제 페어뱅크스에 세워질 지교회 사역을 하기 위해 오시는 김원일 목사, 오미진 사모 가정(중1 진우, 초3 세빈)의 종교 비자 문제를 놓고 기도하면서 하나님의 앞서 일하심을 기대하며 기도하고 기다리는 시간이 기쁘고 감사했다. 내 생각과 경험, 계획과 방법, 인맥과 물질이 아닌 성령님의 인도하심을 따라 깨닫고 동행하는 시간이 설레는 마음으로 기다려진다.

하나님의 예비하심에 감사 또 감사

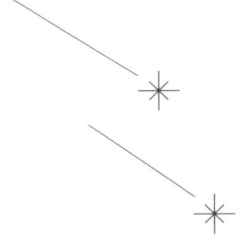

신년 축복 성회에 앞서 안현 목사(댈러스 안디옥 교회 담임, 북미총회 부총회장)가 댈러스에서 사 온 떡과 우리 교회에서 새로 준비한 전도 용품과 나성 순복음교회에서 받아온 손톱깎이 세트를 선물로 준비하여 안현 목사 내외분과 함께 3번째 지교회를 세우기로 기도 중인 페어뱅크스로 선교여행을 하였다.

화요일 아침 출발할 때만 해도 때아닌 비가 내려 약간 신경은 쓰였지만, 날씨를 주관하시는 이가 하나님이심을 믿기에 원망하지 않고 가다 보니 와실라Wasilla를 지날 때 날씨가 화창해졌다. 하지만 화창함을 맘껏 누리기도 전에 다시 데날리Denali를 지날 때 눈보라가 쳤다. 다행히 페어뱅크스에 도착할 때 눈은 오지 않았지만, 앵커리지와 비교해서 기온 차이가 확연히 느껴졌다. 앵커리지에서 출발하여 페어뱅크스로 가는 차 안에서 안 목사 내외분과 사역과 자녀 그리고 성도와 교회 개척, 성장과 건축 과정에 있었던 많은 일을 나누고 특별히 페어뱅크스를 향하신 하나님의 계획을 나누었다. 때로는 기뻐서 웃고 때로는 아픔에 눈물지었으면서도 기대와 설렘으로 하나님의 때, 하나님의 일하심과 당연한 것 하나도 없는 예비하신 은혜에 감사할 뿐이었다.

늘 그랬듯이 장성채 한인회장 내외분이 반갑게 맞이해 주어 함께 저녁을 먹고 호텔에 들어가 피곤한 몸에 쉼을 얻은 후, 수요일 아침 홈 타운 식당에서 아침 식사를 했다. 식당 주인인 김현수 권사와 대화를 나누다가 안 목사와 초등학교 때 같은 고향에 같은 교회를 섬겼다는 것을 알게 되면서 이번 페어뱅크스 출입이 우연이 아니라 하나님의 섭리임을 깨닫게 되었다. 그뿐 아니라 한국 식품점을 하시는 신만철 사장님과 댈러스Dallas에서 같은 동네에 살았다는 것 또한 알게 되었다. 페어뱅크스를 갈 때마다 나의 계획이 아니라 하나님의 일하심을 기대하며 설렘을 가지고 가는데 이번에도 역시 하나님의 예비하심에 감사, 또 감사할 뿐이다.

페어뱅크스 여행의 별미인 치나 온천을 갔다가 저녁 식사 후에는 한인회장 내외분과 아시아나 식당 진성철 집사와 함께 페어뱅크스 한인회관에서 지난 페어뱅크스 교회의 역사를 나누면서 많은 것을 깨닫게 되었다. 지난날 신앙 안에서 열심을 냈던 이들이 하는 말 중에서 "하나님은 믿는데 목사님을 못 믿겠다'라는 말이 가슴에 와 닿았다. 사실 사람은 믿음의 대상이 아니라 사랑의 대상인데 자꾸 사람인 목사를 믿었다가 실망하고 상처를 받아 교회를 떠나는 경우를 종종 보기 때문이다. 그리고 대화 중에 페어뱅크스에 교회가 생긴다는 소문이 돌고 있다는 것이다. 사실 나는 하나님이 허락하시면 하겠다는 믿음으로 혹시라도 인간적인 생각이 들까 봐 몇몇 사람에게 그저 미리 믿음으로 선포한 것뿐인데 조롱의 화살이 한인회장에게 향한 것 같았다.

"또 '장성채가 교회 세운다'라고 소문나서 욕먹게 생겼어요. 그런데 내가 뭐라고? 하나님이 하시는데…."

장성채 한인회장은 웃으면서 농담처럼 말했는데, 그 말에서 상처가 느껴졌다. 그럼에도 불구하고 순종하는 장성채 한인회장을 보며, 나 역시 다시 한번 결단했다.

'그래! 사람이 아니라 하나님이 하시는 일을 믿고 순종할 뿐이다.'

2박 3일의 일정을 마치고 돌아오는 길에 페어뱅크스 지인들의 섬김에 다시 한번 감사했다. 함께한 안 목사 내외분도 페어뱅크스 한인들의 교회에 대해 사모함을 보았고 지금까지 쌓아온 관계 속에 승리를 확인하는 시간이었다며 감동을 나누었다. 빙판길이었지만 안전하게 돌아올 수 있음이 감사요, 안 목사 내외분과 나누는 대화 역시 은혜로 가득한 시간이었다. 함께하면 쉽다는 사실을 다시 한번 깨닫는 시간이었다.

페어뱅크스를 향하신 하나님의 사랑

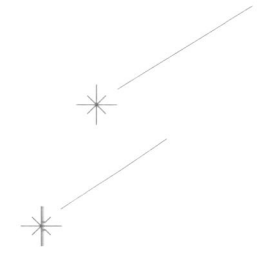

한국 선교 대회 일정을 마치고 22일 수요일 저녁에 돌아와 23일 목요일 아침 김원일 목사와 함께 2박 3일의 일정으로 페어뱅크스를 향해 가면서 한국과 미국의 지인들과 통화를 하며 감사의 마음을 나누었다.

페어뱅크스의 세 번째 지교회 이야기를 하였더니, "한국에서 돌아와 시차 때문에 피곤할 텐데"라며 내 건강을 걱정해 주었다. 하지만 나는 몸의 피곤함보다 하나님의 교회에 대한 설렘으로 가득했다. 언제나 그랬듯이 이번 출입을 통해 확연히 드러나는 하나님의 하실 일을 기대하며 페어뱅크스를 향해 갔다.

7시간 운전을 하고 페어뱅크스로 가면서 김원일 목사와 많은 이야기를 나누었다. 그중에 인상적인 대화는 "나의 연약함과 부족함이 핑계가 되어서는 안 되고 오히려 연약함과 부족함이 하나님이 쓰시기에 합당하다는 사실을 깨달아야 하며, 이민자의 삶에는 상처와 아픔 등 크고 작은 사연이 가득하니 늘 조심하고 또 조심해야 한다"라는 것이었다. 이민자를 목회하는 목사로서 서로 공감하고 배울 수 있는 이동 시간이었다.

페어뱅크스에 도착하여 장성채 한인회장과 장효영 집사 부부와 함께 서울옥에서 식사를 하고 한인회관에 가서 다시 한번 차량에 관해 교회에서 쓰기로 확답을 받았다.

24일 금요일 아침 홈 타운에 가서 김현수 사장 가정과 대화를 나누고 알래스카 오로라 순복음교회에 대한 밑그림을 좀 더 구체화하는 시간을 가졌다. 그 후에 페어뱅크스 지도를 들고 갈렙과 같이 "이 산지를 내게 주소서"라는 간절함을 가지고 땅 밟기를 하였다.

저녁 시간 김현수 권사와 함께 아시아나 식당을 경영하는 진성철, 진영미 집사 부부를 만나 대화를 나누는데 너무 공감되는 아픔이 있었다.

김현수 권사의 어머니 고 권사는 신실한 믿음의 사람이었다. 고 권사의 눈물의 기도로 여기까지 왔다고 고백할 정도로 기도하는 어머니였다. 그런데 그 어머니가 지병으로 다리가 썩어 들어가 두 다리를 절단하고 고통 가운데 계신다고 했다. 그 고통을 지켜보는 아들의 마음 역시 고통이었다.

"왜? 믿음도 좋고 기도도 많이 하시는 어머니에게 이런 일이 일어납니까? 차라리 데려가시지."

몸부림치며 고통 가운데 부르짖어 보지만 외쳐도 응답 없는 하나님을 이해할 수 없는 상황이었다. 나 역시 큰아들 태원이를 잃었고 치매에 걸린 어머니를 모시고 살면서 바라봐야 하는 안타까운 상황에 있었기에 김현수 권사의 마음이 너무 이해됐다. 하지만 나는 그들에게 어설픈 위로를 하지 않고 입을 다물었다. 사람이 할 수 없는 일이었다. 이는 하나님으로부터 받아야 할 위로였다. 그렇지 않으면 해결될 수 없는 문제였다. 지금 당장은 이해할 수도, 설명할 수도 없지만, 분명히 때가 되면 깨달아지는 날이 반드시 올 것이라 믿는다.

25일 토요일 아침 홈 타운 식당에서 작년 10월 교회 개척에 관한 이야기를 나누었던 분들을 만나 함께 식사하며 개척 교회 동역자가 될 것을 부탁하고 앵커리지로 돌아오기 위해 출발했다. 2박 3일의 일정 가운데 깨달은 것은 세상에서 말하는 사랑은 너무 아픈 사랑이기에 절망이지만, 우리 주님은 그런 사랑과 비교할 수 없는 생명까지 내어놓는 아가페의 사랑으로 우리를 사랑하셨고 절대 포기하지 않는 그 사랑으로 소망이 되게 하셨다는 것이다. 그 믿음과 소망과 사랑을 전하고 나누며 날마다 승리하기를 소망한다.

많은 사람이 개척이 힘들다고 말하는 이 시대에 일을 행하시는 여호와, 그 일을 지어 성취하시는 여호와 하나님께 부르짖으면 내가 행한 것과는 비교할 수 없는 응답과 내가 생각하지도 못하고 알지도 못하는 크고 비밀스러운 일의 행하심을 보게 하실 것을 믿는다. 내가 하려고 하는 개척은 힘이 들지만, 하나님이 하시는 개척은 힘이 난다. 혼자 하면 어렵지만, 함께 연합하면 쉽다. 이제 페어뱅크스를 위해 예비된 사역자인 김원일 목사의 종교 비자가 순탄하게 풀리고 파송 받고 이주하는 과정을 위해 그 어느 때보다도 뜨겁게 기도할 때다.

일일이 다 열거할 수 없지만, 때를 따라 예비하신 하나님의 동역자들이 많아서 행복하고 감사하다.

에필로그

알래스카에서 꿈꾸는 위대한 하나님 나라

알래스카에 산다고 말하면 사람들이 묻는 말 두 가지가 있다. 첫째는 "그 추운 곳에서 어떻게 살아요?"이고, 둘째는 "그곳에 있는 사람들은 무슨 일을 해서 먹고살아요?"이다.

"알래스카보다 더 추운 곳이 많아요. 그리고 미국 본토와 비슷한 일로 먹고살죠." 나의 대답에 사람들은 의아한 표정을 짓는다. 알래스카에 대해 가진 사람들의 편견은 한결같다. 너무 추워서 도저히 살기 어렵고 먹고살 것이 없는 도시라고!

하지만 내가 사는 곳은 알래스카 남쪽 지역 앵커리지로 북쪽 지역에 비하면 정말 춥지 않은 곳이다. 그리고 미국의 다른 도시처럼 장사하기도 하고 유통하기도 하면서 다른 도시와 별반 다르지 않게 살아간다.

하지만 알래스카 지역은 목회자들 사이에서도 '목회 지역'이라기보다는 '선교 지역'으로 분리될 정도로 매년 1도씩 돌지 아니하면 사역을 감당할 수 없는 곳이라고 말한다. 그래서 알래스카를 모르는 사람들에게 알래스카를 설명하는 것이 복음을 전하는 것만큼

이나 힘들다고 생각한다.

사람들은 알래스카를 러시아로부터 샀다는 것은 알지만 환경에 대해서는 추운 곳이라는 것 외에는 아는 것이 별로 없다. 얼마 전 한 지인이 시애틀을 여행하고 알래스카로 오기로 되어 있었는데 한국에 있는 친구에게서 이런 카톡이 왔다고 한다.

"아직도 미국 시애틀이야? 알래스카는 언제 가?"

알래스카가 미국의 한 주가 아니라 별개의 독립된 나라라고 생각하고 던진 질문이었다. 의외로 이렇게 생각하는 사람이 많다. 이 일을 통해 느끼는 것은 사람들은 듣고 싶은 것만 듣고 알고 싶은 것에만 관심을 보일 뿐 그 외에는 관심이 없다는 것이다. 사실 미국 본토에 사는 분들도 알래스카에 대해 잘못 알고 있는 분들이 많다.

그런 일이 자주 반복되다 보니, 그 후로는 "와 보면 알아요. 말로 설명하기 힘들어요"라고 말한다. 어찌 보면 이것이 요한복음에 기록되어 있는, 예수님이 요한의 두 제자에게 전한 "와서 보라"는 복음과 다를 바가 없다는 생각이 들었다. 또 빌립이 예수를 만나고 나다나엘에게 전한 복음 "와 보라"와 같고, 사람들의 낯을 피해 대낮에 물을 길으러 나온 수가성 여인이 예수님을 만나고 물동이를 버려둔 채 동네 사람들에게 달려가 전한 복음과 같다.

아무리 사실을 설명해도 믿으려 하지 않는 복음, 그러나 그 복음을 듣고 행동으로 옮긴 사람들만이 주님을 만났고 이전까지 자신이 가장 창피하게 생각하던 모든 것을 내려놓고 사람들 앞에 당당히 나설 수 있었다. 그리고 이전까지 가장 귀하게 여기던 것들을 버리고 담대히 주님을 따랐다.

알래스카주는 아직 인구가 적고 개발된 곳이 5%밖에 되지 않아 개발의 여지가 많다는 뜻에서 '마지막 개척지'라는 별명을 갖고 있다. 그리고 나 역시 개척자의 기질을 갖고 있다. 나는 새로운 일을 도모하는 것을 좋아하고 또 색다른 것을 좋아한다. 그리고 남들이 가지 않고, 하지 않는 일을 하는 것을 좋아한다. 그런 나의 성품은 알래스카에 최적화된 성품일지도 모르겠다.

미국이 다음 세대를 위해서 알래스카를 산 것처럼 나 역시 다음 세대를 위해서 꿈꾸는 나라가 있다. 거대한 미지의 개척지인 알래스카처럼 크고 무궁무진한 하나님 나라 역시 미지의 개척지다.

알래스카에 대해 잘 몰라서 오해하는 사람들처럼 하나님 나라에 대해 잘 몰라서 오해하고 있는 사람들이 너무도 많다. 그들에게 복음을 전하는 축복을 맡은 자로 하나님께서 세워 주신 것에 대해 나는 너무 감사하다. 그리고 거대한 알래스카에 숨겨진 보화들처럼 거대한 하나님 나라의 보화를 캐내어 사람들에게 나눠 주고 싶다.

우리 주위에는 어리석은 인생 거래를 하는 사람들이 많다. 영원한 생명과 희락, 평강과 영혼을 내주고 잠시의 쾌락을 위해 사는 현대인들의 모습이 안타깝게 느껴진다. 그들이 바로 우리가 찾는 한 영혼이다. 우리는 무엇을 보고, 무엇에 가치를 두고 있는가? 마지막 개척지인 알래스카에 주님이 찾으시는 한 영혼을 보며 오늘도 알래스카에서 주님의 평안을 전하며 나의 달려갈 길을 멈추지 않고 믿음의 선한 싸움을 하며 끝까지 나아가려 한다.

그것이 바로, 위대한 하나님 나라를 꿈꾸는 나의 꿈이다.

그것이 바로, 하나님의 꿈이다.

알래스카에서 하나님 나라를 꿈꾸다

1판 1쇄 인쇄 2023년 5월 10일
1판 1쇄 발행 2023년 5월 15일

지은이	윤호용
발행인	조애신
편집	이소연
디자인	임은미
마케팅	전필영, 권희정
경영지원	전두표

발행처	도서출판 토기장이
주소	서울시 마포구 동교로 71-1 신광빌딩 2F
출판등록	1998년 5월 29일 제1998-000070호
전화	02-3143-0400
팩스	0505-300-0646
이메일	tletter77@naver.com
인스타그램	togijangi_books_

ISBN   978-89-7782-494-2

- 이 책은 저작권 법에 따라 보호를 받는 저작물이므로 무단 전재와 무단 복제를 금합니다.
- 이 책의 전부 또는 일부를 이용하려면 반드시 저자와 도서출판 토기장이의 동의를 받아야 합니다.

도서출판 토기장이는 생명 있는 책만 만듭니다.
"우리는 진흙이요 주는 토기장이시니 우리는 다 주의 손으로 지으신 것이니이다" (이사야 64:8)

하나님의 꿈을 향한 멈추지 않는 여정

함께 알래스카를 섬기는